dtv
Reihe Hanser

Ingeborg Gleichauf

Wir wollen verstehen

Geschichte der Philosophinnen

Mit Bildern von
Peter Schössow

dtv

Ausführliche Informationen über unsere
Autorinnen und Autoren und ihre Bücher
finden Sie unter www.dtv.de

Für Riccarda

© 2021 dtv Verlagsgesellschaft mbH Co. KG, München
Illustrationen: Peter Schössow
Umschlaggestaltung: buxdesign | Lisa Höfner
Gesetzt aus der Franziska OT
Layout und Satz: Anja Grad, Satz für Satz, Wangen im Allgäu
Druck und Bindung: Livonia Print, Riga
Printed in Latvia · ISBN 978-3-423-64080-0

Inhalt

Einleitung

Will man sich über Philosophie informieren, so nimmt man normalerweise eine »Philosophiegeschichte« zur Hand und ist erstaunt: Es scheint sich hierbei um eine reine Männersache zu handeln. Philosophiegeschichte heißt fast immer Philosophengeschichte. Philosophieren Frauen nicht? Gibt es keine Philosophinnen? So jedenfalls war mein erster Eindruck, bevor ich mich auf die Suche nach wenigstens einer »anerkannten« Denkerin machte. Ich nahm mir das 20. Jahrhundert vor, denn dessen Wissenschaft beschäftigt sich mit der Rolle der Frau in nahezu allen Forschungsbereichen: der Kunst, der Literatur, der Musik, den Naturwissenschaften, also vielleicht auch in der Philosophie. Ich stieß dabei auf die Denkerin und Politologin Hannah Arendt. Was mir bei ihr von Anfang an gefiel, war, dass sie eine Scheu vor der Philosophie als akademischem Fachgebiet hatte und vor den »Denkern von Gewerbe«, wie sie sich ausdrückte. Sie war der Meinung, jeder Mensch habe die Fähigkeit in sich, philosophisch zu denken. Philosophieren ist also ein menschliches Bedürfnis, eine Fähigkeit, die nicht nur Fachleuten zukommt.

Auch Frauen haben selbstverständlich zu allen Zeiten intensiv nachgedacht über die Welt, über sich selbst, über den Sinn des Lebens. Auch Frauen kennen den Wunsch, sich zurückzuziehen aus den Alltagsgeschäften, in sich versunken dazusitzen, lange Spaziergänge zu machen, allein oder im Gespräch mit einem anderen Menschen.

Zum Aufschreiben und systematischen Ordnen der Gedanken hatten Frauen vergangener Jahrhunderte meistens nicht die Zeit und die Möglichkeiten, die Männer hatten. In der Wissenschaft heißt das dann, die Quellenlage sei schlecht. Die Quellenlage ist aber auch deshalb schlecht, weil mit den schriftlichen Zeugnissen von Frauen viel schlampiger und nachlässiger umgegangen wurde als mit denen von Männern. Man muss schon große Lust an archäologischer Arbeit haben, um die Geduld nicht zu verlieren. Wir wissen von Philosophinnen oft nur durch die Berichte oder Erzählungen anderer. Originaltexte sind selten erhalten, manchmal bewusst gefälscht oder zum Verschwinden gebracht worden. Die Geschichte der Philosophinnen ist auch die Geschichte ihres Kampfes um Anerkennung der Leistung, die sie erbracht haben. Viel häufiger als ihre männlichen Kollegen waren denkende Frauen der Herabsetzung und dem Klatsch ausgesetzt. Ihr Privatleben stieß dabei auf mehr Neugierde als ihre Philosophie. Das ist zum Teil sogar heute noch so. Umso wichtiger ist es, sich den Philosophien von Frauen zuzuwenden, ihnen »nachzudenken«, ihren speziellen Anteil an der Philosophiegeschichte herauszuarbeiten.

Hoch geachtet und verspottet: Philosophinnen in der Antike

Die Auffassung, dass das Philosophieren – das Nachdenken über die Welt, ihre Entstehung, über das Woher und Wohin des Menschen – etwas ganz Natürliches und dem Menschen Innewohnendes ist, hat seinen Ursprung im antiken Griechenland.

Die Griechen staunen über die Welt, die Natur, den Menschen. Das, was erscheint, wird nicht selbstverständlich hingenommen, sondern regt zum Nachdenken an. Man erzählt sich nicht mehr einfach Geschichten über das Entstehen der Welt und das Zusammenwirken von Natur und Mensch, sondern man will es genauer wissen. Was steckt hinter all dem, was wir erleben und wahrnehmen? Gibt es etwas Unveränderliches, eine Wahrheit jenseits dessen, womit wir uns täglich beschäftigen? Welche Rolle spielt die Erkenntnis, und wie funktioniert sie überhaupt? Was können wir wissen, und was entzieht sich unserem Denken? In welcher Beziehung steht das Denken zum Handeln? Was ist als gut zu bezeichnen, was als schlecht? Wie können wir glücklich werden? Diese Fragen stellt die Philosophie seit jeher bis heute. Bereits die ersten Philosophinnen und Philosophen formulierten sie.

Die frühesten uns bekannten Philosophinnen stammen aus dem Umkreis von Pythagoras (ungefähr 570–497 v. Chr.). Pythagoras gab seine Lehre nur mündlich weiter. Er glaubte an die Wiedergeburt der Seele und vertrat die Meinung, dass man dem ewigen Kreislauf aus Leben und Tod nur entkommen könne, wenn man ein frommes und reines Leben führe. Pythagoras war auch ein großer Mathematiker. Er versammelte eine Gruppe von Frauen und Männern um sich, die begeistert war von seiner Lehre und sie weiterverbreitete. Fast könnte man von einer Art esoterischem Zirkel sprechen.

Die berühmteste Pythagoreerin war Theano von Kroton.

Theano von Kroton

(ab 550 v. Chr.)

Sie wurde in der griechischen Kolonie Kroton (Crotone) in Süditalien geboren. Pythagoras, der nach Kroton gekommen war und dort eine Schule gründete, wurde ihr philosophischer Lehrer und Ehemann. Theano hatte mit ihm fünf Kinder. Nachdem Pythagoras gestorben war, übernahm sie die Leitung seiner Schule.

Von Theano ist nur das Fragment »Über die Frömmigkeit« überliefert. Sie soll aber verschiedene Schriften zur Philosophie, Mathematik und Medizin verfasst haben. Unter anderem wird ihr der mathematische Lehrsatz vom »Goldenen Schnitt« zugeschrieben. Darunter versteht man die Teilung einer Strecke durch einen Punkt so, dass sich der größere Teil zu der ganzen Strecke wie der kleinere zum größeren verhält.

Wie Pythagoras war Theano Anhängerin einer Lebensweise, die sich Besonnenheit und Maßhalten zum Motto nimmt. Das Ziel ist es, auf diese Weise die Seele, die unsterblich ist und nach dem Tod wiedergeboren wird, besser zu verstehen. Der Mensch ist Teil der Welt, die selbst beseelt und göttlichen Ursprungs ist. Es gibt niemals bloße Materie. Alles ist mit allem verwandt, nichts vereinzelt. Die Welt und der Mensch leben von Natur aus in Harmonie, und man sollte bedacht sein, diese Harmonie nicht zu stören. Alles Übertriebene ist zu vermeiden. Askese und geistige Arbeit sind gefragt. Vor allem der Mathematik und der Musik wird eine positive Wirkung zugesprochen, da in beiden Disziplinen die Zahl eine wichtige Rolle spielt.

Die Zahl gilt in der Philosophie der Pythagoreer als das einende, ordnende Element, als das Wesentliche. Die Zahl verleiht allem, was ist, Klarheit und Kontur, Bestimmtheit und Form. Ohne die Kraft des Mathematischen wäre alles in der Welt und im Leben chaotisch und unbestimmt. Dies Phänomen kann vor allem in der Musik besonders deutlich wahrgenommen werden: Die Harmonien sind durch bestimmte Zahlenverhältnisse charakterisiert. Um Harmonie geht es im Denken der Pythagoreer auch im praktischen Lebensalltag. Dafür muss jeder einzelne Mensch Sorge tragen.

Theano hatte viele Schülerinnen, denen sie neben der philosophischen Anleitung vor allem auch Regeln für das, was man damals als ein »sittlich wertvolles« Leben als Frau ansah, mit auf den Weg gab. Die Ehe stand für sie höher als jede andere Beziehung zwischen den Geschlechtern. Theano akzeptierte die herrschende Meinung über das richtige Benehmen der Frau: Sie soll zurückhaltend sein, nicht nach öffentlichem Ansehen streben und für Haus und Kinder sorgen. Bereits junge Mädchen wurden auf die Ehe vorbereitet. Aufruhr in dieser Hinsicht war nicht Theanos Sache. Auch hier musste eine bestimmte Ordnung eingehalten werden. Die Ordnung ist das Göttliche, Ursprüngliche. Danach hat Theano gelebt, und diese Lehre hat sie an ihre Schülerinnen weitergegeben. Philosophie hat bei Theano also einen starken Bezug zur Praxis, sie entwickelt sich nicht fernab vom normalen Lebensalltag. Nachdenken über den Sinn des Lebens beinhaltet auch die Frage, wie das tägliche Leben sinnvoll zu gestalten ist. Theorie und Praxis sind nicht getrennt.

Noch spricht die Philosophin nicht im eigenen Namen. Noch versteckt sie sich hinter dem »großen« Philosophen, in diesem Fall Pythagoras.

Ich habe gehört, dass viele Griechen glauben, Pythagoras behauptet, dass alle Dinge aus der Zahl entstehen. Diese Behauptung beinhaltet eine Schwierigkeit: Wie können Dinge, die nicht existent sind, als Seiendes begriffen werden? Aber Pythagoras meinte nicht, dass alle Dinge aus der Zahl entstehen, sondern im Einklang mit der Zahl stehen – mit der Begründung, dass die Zahl die erste Ordnung von allem ist und durch Teilung der Ordnung in ein 1. und 2. und alles Folgende den Dingen, die gezählt werden, zugeordnet werden kann.

THEANO VON KROTON: *ÜBER DIE FRÖMMIGKEIT*

In dieser Frühzeit der Philosophie wird schon eines ganz deutlich: Die Frage nach dem Wesen aller Dinge, des Menschen und der Welt ist für das Philosophieren die erste und grundlegende Frage. Die Pythagoreer haben sich gefragt, wie denn wohl alles zusammenhängen könnte, ob es wohl so etwas wie ein oberstes Prinzip gibt, und auch wir heutige nachdenkende Menschen stellen diese Frage noch immer. Die ersten Philosophen und Philosophinnen haben nach dem gesucht, was sich vielleicht als ordnende Macht hinter der sichtbaren Wirklichkeit verbergen mag. Dabei war es genauso wichtig, Erfahrungen im ganz normalen Lebensalltag zu machen, wie auch über die Erfahrungen hinauszudenken und mögliche Gründe oder Ursachen zu erforschen.

Aspasia

(etwa 460–401 v.Chr.)

Immer wieder stößt man bei der Beschäftigung mit den berühmten Philosophen in deren unmittelbarer Nachbarschaft auf Frauen, die mit einer verblüffenden Klugheit, mit analytischem Verstand und philosophischer Hellsichtigkeit aufwarten. So auch im Fall des berühmtesten Philosophen der Antike und vielleicht sogar der gesamten Philosophiegeschichte: Sokrates. Er lebte im 5. Jahrhundert v. Chr. Bei der Beschäftigung mit ihm stößt man auf Aspasia, die einerseits als Denkerin durchaus angesehen, andererseits aber von den Komödienschreibern der Antike nur als Hetäre wahrgenommen und verspottet wurde.

Der Name Aspasia bedeutet »Schöne Willkommene«. Im Alter von 20 Jahren kam Aspasia mit ihrem Vater aus Milet in Kleinasien nach Athen. Bereits in ihrer Heimatstadt war sie von ihm zum Hetärenberuf bestimmt worden. Hetären waren Frauen, die ihren Körper für Geld verkauften. Es handelte sich meist um hoch gebildete Frauen, die aufgrund ihres Wissens sehr geachtet waren. Auch Aspasia hatte eine hervorragende Bildung erhalten. In Athen leitete sie selbst eine Hetärenschule und führte einen Salon, den die bedeutendsten Männer der Stadt besuchten. Unter ihnen waren die Philosophen Anaxagoras und Sokrates und der Staatsmann Perikles. Die kluge Frau faszinierte sie alle, wie Quellen, zum Beispiel die »Erinnerungen an Sokrates« von Xenophon, berichten. Perikles verliebte sich in die 20 Jahre Jüngere, verließ seine Frau und nahm Aspasia als seine »Pallake«, eine nichtlegitime Lebensgefährtin, zu sich. Diese Verbindung erregte Aufsehen, und die sich als »rechtschaffen« einstufenden gesellschaftlichen Kreise Athens mokierten sich über die Hetären-Vergangenheit Aspasias. Athenaios, ein Unterhaltungs- und Sensationsschriftsteller, schrieb: »Perikles zog ein lustvolles Leben vor, verließ seine Gattin und wohnte bei Aspasia, der bekannten Hetäre aus Milet, für die er einen großen Teil seines Vermögens verschwendete.« Aspasia wurde wegen ihres Lebenswandels sogar angeklagt, und es war schwer für Perikles, sie freizubekommen. Nach Perikles' Tod im Jahr 429 v. Chr. heiratete sie den Schafhändler Lysikles.

Das sogenannte »perikleische Zeitalter« zeichnete sich durch eine starke Förderung von Kunst, Philosophie und Wissenschaft aus. Es gab drei soziale Klassen: die Bürger, die Metöken (Fremde, die sich im Staat niedergelassen hatten) und die Sklaven. Die herrschende Klasse war die der Bürger. Sie bestimmten das Leben des Staates und entschieden über Krieg und Frieden. Das betraf allerdings nur die Männer. Frauen hatten keine bürgerlichen Rechte. Ihre Aufgaben waren auf den Haushalt und die Kindererziehung beschränkt. Sie waren vom öffentlichen Leben weitgehend ausgeschlossen und verließen das Haus nur, um zum Beispiel große Feste zu besuchen. Die Einkäufe erledigten die Sklaven. Eine Ausnahme bildeten die Hetären. In ihren Umgangsformen waren sie sehr frei. Was die Bildung angeht, waren sie den verheirateten Frauen weit überlegen und aufgrund dieser Vorzüge bei den Männern des Geistes und der Politik gern gesehene Gesprächspartnerinnen. Aspasia galt als exzellente Lehrerin in den Fächern Philosophie und Rhetorik. Sokrates holte sich bei ihr Rat und schickte seine Schüler zu ihr. Die Geistesgrößen der Stadt hatten großes Vertrauen zu dieser intelligenten und gebildeten Frau. Schriften existieren aber keine von ihr.

Da Sokrates seine Lehre nicht selbst aufgeschrieben hat, wissen wir von ihm hauptsächlich durch das Werk von Platon (427–347 v. Chr.), der einer seiner Schüler war und nicht weniger berühmt wurde als Sokrates selbst. Platon hat seine Gedanken in Form von Dialogen niedergeschrieben, bei denen fast immer einer der Gesprächspartner Sokrates ist. In einem der Dialoge von Platon, dem »Menexenos-Dialog«, lobt Sokrates seine Lehrerin Aspasia aufs Höchste. Er hat sogar ein wenig Angst vor ihr und erzählt, er habe fast Schläge bekommen, weil er als Schüler so vergesslich gewesen sei. Nun wiederholt Sokrates eine Rede, die Aspasia aus dem Stegreif gehalten haben soll. Es handelt sich um eine Leichenrede für die Gefallenen des Peloponnesischen Krieges. Auch Perikles hat eine Rede zum selben Anlass gehalten, die jedoch vor allem eine Lobeshymne auf die von ihm geschaffene Staatsform der Demokratie war. In Aspasias Rede werden die althergebrachten Tugenden des athenischen Volkes aufgezählt und die Lebenden dazu aufgerufen, die Toten nicht unmäßig zu beklagen.

In der Antike ist die Rhetorik, die Redekunst, eine sehr wichtige Disziplin. Dem kunstvollen Sprechen kommt eine sehr große Bedeutung zu, und auch der Philosoph ist gut beraten, sich darin zu üben. Aspasia sagt: »Denn nach wohlverrichteten Taten erwirbt wohlgesprochene Rede den Tätern Gedächtnis und Ehre bei den Zuhörern.« Die Rede bewirkt, dass die Männer, die im Krieg waren und vielleicht ihr Leben ließen, nicht vergessen werden. Spontaneität und überlegte Vorbereitung spielen bei der Redekunst zusammen. Die Rede muss gut gebaut sein und sollte nicht hölzern wirken. Aspasias Philosophie lebte also vorrangig im öffentlichen Raum. Die Denkerin verkörperte das dialogische Moment, liebte das Gespräch und die Ansprache in Form einer Rede. Diese Form des Philosophierens hat einen starken pädagogischen Aspekt. Eine Philosophie, die sich im Sprechen verwirklicht, wirkt erzieherisch auf die Menschen und hat damit auch eine gesellschaftliche Wirkung. Hierfür steht Aspasia. Sie trat mit ihrer ganzen Existenz für ihre Ideen ein. Sie wollte zum Philosophieren anregen, nicht irgendeine Schulweisheit verkünden.

Unsern Vätern aber, wer noch einen hat, und Müttern muss man immer tröstlich zusprechen, recht leicht diesen Unfall zu tragen, wenn er ihnen begegnet, nicht aber mit ihnen wehklagen; denn sie können nicht noch eines bedürfen, der die Trauer vermehre, weil dieses schon der ihnen zugestoßene Unfall selbst hinlänglich zu Wege bringt; sondern um sie auszuheilen und zu sänftigen, muss man sie erinnern, dass von dem, was sie gefleht, die Götter das Größte ihnen erhört haben. Denn nicht unsterbliche Kinder, baten sie, möchten ihnen geboren werden, sondern wackere und wohl-berühmte, welche sie auch erlangt haben als eines der größten Güter. Denn alles kann nicht leicht einem sterblichen Menschen ausschlagen nach seinem Leben.

AUS DER REDE IN PLATONS *MENEXENOS*-SCHRIFT

Diotima

(etwa 400 v. Chr.)

In seinem Dialog »Symposion« spricht Sokrates von einer weisen Frau aus Mantinea in Arkadien, mit Namen Diotima. Ein Symposion war ein Trinkgelage nach einem Festessen, bei dem Männer geistvolle Gespräche führten. In Platons »Symposion«, seinem berühmtesten Dialog, ist die Liebe das Thema. Sokrates soll darüber eine Rede halten und beginnt folgendermaßen: »Und so will ich dich denn jetzt lassen und eine Rede über den Eros, welche ich einst von einer Mantineerin namens Diotima gehört habe, welche hierin und auch sonst sehr weise war, auch den Athenern einst bei einem Opfer vor der Pest zehnjährigen Aufschub der Krankheit bewirkte, welche auch mich in Liebessachen unterrichtet hat – die Rede also, welche diese gesprochen hat, will ich versuchen, euch zu wiederholen, von dem ausgehend, worüber ich mit Agathon übereingekommen bin, sonst aber ganz für mich allein, so gut ich eben kann.«

»Eros« ist Diotimas Ansicht nach etwas, das zwischen Mensch und Gott liegt und zwischen Eigenschaften wie gut und schlecht, schön und hässlich. Er bringt es zu Wege, dass die Menschen zum Schönen und Guten streben und auf der Suche nach der Wahrheit sind. Die, die das am interessiertesten tun, sind für Diotima Künstler, Philosophen und Staatsmänner. Über die Philosophen sagt sie, sie seien weder verständig noch weise, sondern etwas dazwischen, wie Eros auch: »Denn die Weisheit gehört zu dem Schönsten, und Eros ist Liebe zu dem Schönen; so dass Eros notwendig weisheitsliebend ist und also als philosophisch zwischen den Weisen und Unverständigen mitten inne steht.« Das Element, aus dem heraus Eros wirkt, ist also die Liebe, und diese ist für Diotima der

Weg, um zur Unsterblichkeit zu gelangen. Das betrifft sowohl den Körper wie auch die Seele. Es geschieht durch Fortpflanzung und durch Kunst und Wissenschaft. Indem die einzelnen Menschen immer wieder Nachkommen zeugen, bleibt etwas von ihnen in der Welt, auch wenn sie selbst tot sind. Künstler, Politiker und Wissenschaftler verewigen sich in ihren Werken durch die Macht des Eros. Das kann ein Gedicht sein oder eine wissenschaftliche Erkenntnis oder der Kampf um einen gerechten Staat. Diejenigen, die versuchen, sich Unsterblichkeit zu verschaffen, werden aber vielleicht auch noch anders belohnt: Es könnte sein, dass sie irgendwann das Schöne und Gute als solches anschauen und damit zur höchsten Glückseligkeit kommen. Das Schöne und Gute selbst ist mit nichts zu vergleichen, es ist absolut. Es vergeht nicht, ist nicht einem Werden unterworfen, sondern hat ein unwandelbares Sein. Es kann mit nichts anderem verglichen werden oder in einen Wettstreit treten mit irgendeinem anderen Wert. Es ist es selbst, ist, wie es ist, und bleibt auf immer es selbst. Die Menschen lieben es, weil es etwas mit ihrem Wesenskern zu tun hat, weil es zu ihnen gehört. Es ist ihnen nicht fremd. Es ist der erstrebenswerte Sinn ihres Lebens.

Interessant bei Diotima ist allerdings, dass sie all die ausgezeichneten Fähigkeiten fast ausschließlich den Männern zuschreibt. Wir wissen natürlich nicht, inwieweit Platon Diotimas Aussagen seinem eigenen Denken angepasst hat. Immerhin war er kein Philosoph, der Frauen den Zugang zur höchsten Weisheit zuerkannt hat. Platon war der Meinung, nur Männer könnten die Wahrheit erlangen. Es bleibt also in der Schwebe, was hier wirklich Diotima zuzuschreiben ist und was Platon. Auf jeden Fall war die Mantineerin selbst eine, die die Wahrheit geliebt hat und nach dem Guten und Schönen strebte.

> Wer nämlich bis hierher in der Liebe erzogen ist, das mancherlei Schöne in solcher Ordnung und richtig schauend, der wird, indem er nun der Vollendung in der Liebeskunst entgegengeht, plötzlich ein von Natur wunderbar Schönes erblicken, nämlich jenes selbst, o Sokrates, um deswillen er alle bisherigen Anstrengungen gemacht hat, welches zuerst immer ist und weder entsteht noch vergeht, weder wächst noch schwindet, ferner auch nicht etwa nur insofern schön, insofern aber hässlich ist, noch in Vergleich hiermit schön, damit aber hässlich, noch auch hier schön, dort aber hässlich, als ob es nur für einige schön, für andere aber hässlich wäre.
>
> DIOTIMA IN PLATON: *SYMPOSION*

Die philosophischen Gedanken von Sokrates wie auch von Diotima sind uns nur durch die Dialoge Platons überliefert. Weil Platon Dialoge geschrieben hat, können wir uns die Lebendigkeit dieses Denkens vorstellen. Die entscheidenden Gedanken formen sich hier in einem Hin und Her der Argumente. Eine oder einer wirft den Fragenball und hofft, dass die oder der andere ihn fängt und mitspielt. Diese Art des Philosophierens hat etwas Spielerisches, was ihr trotzdem den Ernst nicht nimmt. Es geht um die brennenden Probleme des Lebens, und darüber darf und muss gesprochen werden.

Im Denken der Pythagoreer und dem von Diotima, Sokrates und Platon gibt es einen ganz wesentlichen Unterschied. Für die Pythagoreer gab es die eine Welt, in der alles zusammenhängt. Bei Sokrates, Platon und Diotima existieren zwei Welten, eine relative, sinnlich wahrnehmbare, zeitlich und räumlich begrenzte, und eine ewige, die über das Fassungsvermögen des Menschen hinausgeht. In der weiteren Geschichte der Philosophie setzte sich diese sogenannte »Zwei-Welten-Theorie« stärker durch. In der Philosophie wird es immer mehr darum gehen, einerseits das mit den Sinnen Wahrnehmbare zu betrachten, aber dies andererseits im Hinblick auf sein Wesen, auf seinen Grund, auf sein Sein hin zu tun. Der griechische Philosoph Aristoteles (384–322 v. Chr.) sprach in diesem Zusammenhang von der »ersten Philosophie«, später prägte man den Ausdruck »Metaphysik«. Das Wort Metaphysik hat einen sehr pragmatischen Ursprung. Ein früher Herausgeber der Schriften des Aristoteles nannte es das Buch, das in der Reihenfolge nach der Physik kam. Metaphysik, das heißt wörtlich: was nach der Physik kommt. So kommt also im Bücherregal zuerst der Band über die Physik und dann die Metaphysik. Im philosophischen Sinn ist es natürlich ganz anders. Die »erste Philosophie« kümmert sich um die ersten, ursprünglichsten Dinge, um das, was wir nicht sehen können, was uns aber dennoch beschäftigt. Die Metaphysik, die Lehre von dem, was über das »Physische«, also sinnlich Wahrnehmbare hinausgeht, untersucht keine Einzelbereiche, sondern fragt nach dem, was als Unveränderliches, Ewiges hinter der sichtbaren Welt steckt. Alle späteren Philosophien, seien sie nun von Männern oder von Frauen gedacht worden, haben auf irgendeine Weise auch mit der Metaphysik zu tun, selbst dann, wenn sie Kritik an ihr üben.

Phintys

(um 400 v. Chr.)

Phintys hat in Sparta gelebt. Sie war die Tochter eines Generals. Mehr ist über ihr Leben nicht herauszufinden. Phintys war Anhängerin der pythagoreischen Lehre. Sie hat eine Schrift zum moralischen Verhalten der Frau verfasst. Darin geht es ihr vor allem darum, zu zeigen, wie wichtig es ist, in Harmonie mit sich zu leben, nichts zu übertreiben, Maß zu halten in allen Dingen. Das ist eine uns bereits vertraute Haltung. Die Mäßigung ist in Phintys' Meinung bevorzugt von den Männern zu erwarten, die das öffentliche Leben bestimmen. Das Philosophieren spricht Phintys aber beiden Geschlechtern zu: »Viele sind vielleicht der Meinung, dass es für das Weib nicht passend ist zu philosophieren, so wenig wie das Reiten oder in der Volksversammlung sprechen. Ich aber glaube, dass manches dem Manne, anderes dem Weibe eigentümlich, anderes Mann und Weib gemeinsam.« Mann und Frau gemeinsam sollten »Tapferkeit, Gerechtigkeit und Einsicht« üben.

Phintys hat sich also hauptsächlich Gedanken über das richtige Handeln gemacht. Der Bereich der Philosophie, der sich um das Handeln kümmert, heißt Ethik. Sie stellt die Frage: »Was sollen wir tun?« Die Ethik ist ein Teilgebiet der Philosophie. Sie betrifft deren praktische Seite. Das Wort kommt aus dem Griechischen und heißt »ethos«, was mit »Sitte« übersetzt werden kann. Die Ethik als Wissenschaft ist zuerst von Aristoteles in die Welt gesetzt worden. Auch für Phintys stand sie im Mittelpunkt des Philosophierens. Damit aber muss ein Vorurteil gleich ausgeräumt werden: Obwohl gerade das Nachdenken über das Handeln des Menschen bei Denkerinnen einen großen Raum einnimmt, kann man nicht sagen, dass sie eben einfach praktischer orientiert sind und die Theorie nur dann zulassen, wenn sie sich direkt auf die Praxis anwenden lässt.

Periktione

(440–365 v. Chr)

Periktione ist die Mutter Platons und entstammte einer wohlhabenden Familie. Sie hatte außer Platon drei weitere Kinder und war zweimal verheiratet. Sie war überzeugt, dass der Sinn der Philosophie darin bestehe, allen Dingen auf den Grund zu gehen, ihr Wesentliches zu erfassen, also Metaphysik zu sein. Hier offenbart sich ein ursprüngliches Interesse an der Arbeit des Erkennenwollens, wobei ein Schwerpunkt auch auf dem Begriff Arbeit liegt. Man muss sich schon anstrengen beim Denken. Erkenntnis ergibt sich nicht einfach so. Es geht auch in der Philosophie von Frauen nie darum, Lebenshilferezepte zu liefern. Die philosophische Gedankenarbeit ist hart und erfordert Geduld, aber sie ist gleichzeitig sehr lebendig und bleibt stets auf die Lebenspraxis bezogen. Periktione hat eine Schrift »Über die Weisheit« verfasst. Darin heißt es: »Die Menschheit ist geboren und lebt, um das Prinzip der Natur als Ganzes zu betrachten. Die Aufgabe der Weisheit besteht darin, Besitz von den Dingen zu erlangen und den Zweck der Dinge zu erfassen.«

Die »Natur als Ganzes«, das heißt, den Kosmos, die Welt als solche in den Blick zu nehmen, sich nicht bei den Einzelheiten aufzuhalten. Das ist nach Periktione Philosophie. Die Menschen leben von Stunde zu Stunde, von Tag zu Tag, sie tun ihre Arbeit, erziehen ihre Kinder, machen Politik, feiern Feste, bebauen das Feld, schauen sich dies und das an, machen sich ihre Gedanken über dies und jenes. Das aber ist noch nicht Philosophie. Philosophie ereignet sich erst, wenn der Mensch einen Abstand herstellt zwischen sich und dem, was ihn täglich beschäftigt, und sich die Frage nach dem Woher und Wohin, nach dem Sinn des Ganzen stellt.

Hypatia

(etwa 370–413 n. Chr.)

Hypatia wurde als Tochter eines Astronomen und Mathematikers in Alexandria geboren und lebte dort in der Zeit eines extremen Umbruchs. Ihr Vater unterrichtete sie in Astronomie und Mathematik. Alexandria war Teil der römischen Provinz Ägypten, gehörte zum römischen Imperium und erlebte eine starke Christianisierung. Die Kirche war eine Art Staat im Staate. Sie stärkte das Nationalgefühl der Menschen, indem sie die kirchlichen Schriften in die altägyptische Landessprache übersetzen ließ. Hypatia war jedoch keine Christin und daher den Anfeindungen eines Teils der Bevölkerung ausgesetzt. Der Bischof der Stadt, Kyrill, war der Philosophie gegenüber feindlich eingestellt. Sie hatte in seinen Augen etwas Zersetzendes, die Menschen Aufwiegelndes. Man kann den Leuten nicht mehr trauen, wenn sie anfangen zu philosophieren. Man weiß nie, auf was sie kommen, inwieweit die Sicherheit im Staat gefährdet sein kann, wenn zu viel philosophiert wird. Wie recht er damit hatte! Sein Instinkt hat ihn nicht betrogen! Philosophisch interessierte Menschen können in der Tat »gefährlich« werden, aber in einem positiven Sinn, weil sie nicht alles akzeptieren, was ihnen erzählt wird, weil sie mit offenen Augen durch die Welt gehen und es gewohnt sind, Fragen zu stellen, Probleme offen anzusprechen und sich nicht zufriedengeben mit schnellen Lösungen. Sie denken nach über Freiheit und Gerechtigkeit, was für die Herrschenden in einem Staat unangenehm sein kann.

Ein Zeitgenosse Hypatias, der Wissenschaftler Sokrates Scholastikus, schreibt über die Philosophin: »In Alexandria lebte eine Frau mit Namen Hypatia, die eine Tochter des Philosophen Theon war. Sie verfügte über eine so herausragende Bildung, dass sie sämtliche Philosophen ihrer Zeit ausstach. Ihre Lehrtätigkeit brachte sie an die Spitze der Platonischen Schule, die sich von Plotin (205–270 n. Chr.) herleitet, und sie unterrichtete jedermann in allen Wissensgebieten, der danach verlangte.« Hypatia war wegen ihrer immensen Bildung und großen Intelligenz bei denen, die diese Werte zu schätzen wussten, hoch angesehen. Sie bewegte sich mit großer Selbstverständlichkeit unter den Männern und hielt ihre Meinung nicht zurück. Dabei entsprach sie dem antiken Ideal eines Lebens im Dienst der Wissenschaft: Sie blieb zeitlebens unverheiratet. Hypatia unterrichtete am Museion, der Universität von Alexandrien, vor allem die Ideenlehre Platons, aber auch Astronomie und Geometrie. Sie soll zu all diesen Wissensgebieten mehrere Bücher verfasst haben, die aber leider vernichtet wurden. Verlässliche Quellen berichten jedoch davon. Hypatia war immerhin in der Öffentlichkeit präsent, und sie hatte einen glänzenden Namen bei den Gebildeten.

Wie ihre eigene Interpretation der platonischen Philosophie aussah, kann nicht mehr rekonstruiert werden. Zu Platons Lehre von den Ideen als den eigentlichen Orten der Wahrheit hat sie sicherlich ein positives Verhältnis gehabt. Als Astronomin der Erforschung des Himmels zugewandt, hatte sie einen Sinn für die Dinge, die mit den Augen nicht wahrnehmbar sind. Dasselbe gilt für die Mathematik, die ja auch mit Dingen zu tun hat, die außerhalb des sinnlich Wahrnehmbaren liegen. Für Platon ist nicht die sichtbare Wirklichkeit das Wesentliche, sondern das, was »dahinter« liegt. Die Menschen leben für Platon wie Gefangene in Ketten. Was sie sehen, ist nebelhaft. Erst wenn sie sich ihrer Ketten entledigen, sich davon befreien, können sie die Wahrheit erkennen. Der Körper ist eine Fessel, der man schrittweise entkommen muss. Platon hat seine Philosophie auch auf die Politik übertragen und gefordert, dass der Staat an der Spitze einen philosophischen Herrscher haben müsse. Nur ein solcher sei in der Lage, weise und gerecht zu regieren.

Es ist anzunehmen, dass Hypatias Vorstellung vom Staat eine ganz ähnliche war. Die ägyptischen Nationalisten waren ihr auf jeden Fall fremd. Dass sie zudem keine Christin war, bescherte ihr viele mächtige

Feinde. Wie Sokrates Scholastikus berichtet, endete ihr Leben tragisch: »So verschworen sich verschiedene Hitzköpfe unter Führung des kirchlichen Vorlesers Petrus miteinander und überfielen die Frau hinterrücks, als sie bei irgendeiner Gelegenheit nach Haus zurückkehrte. Die Männer rissen sie aus der Sänfte und schleiften sie gemeinsam zu der Kirche, die unter dem Namen Kaisarion bekannt ist. Dort zogen sie ihr die Kleider aus und zerfleischten ihren Leib mit Scherben. Glied um Glied rissen sie die Frau in Stücke, trugen danach alles auf dem sogenannten Kikaron zusammen und verbrannten es.«

Ihr Ende war skandalös. Der Skandal wurde überliefert, und ihr Name blieb somit der Nachwelt erhalten. Ihre Philosophie jedoch wurde vergessen.

All diese antiken Philosophinnen haben sowohl in der Sehnsucht nach theoretischer Durchdringung der Welt als auch durch den Wunsch nach einem guten, sinnvollen privaten und politischen Leben die Vielfalt ihrer philosophischen Arbeit unter Beweis gestellt. Sie lebten nicht einsiedlerisch zurückgezogen, sondern zogen es vor, im Gespräch mit anderen Menschen zu sein, und hatten den Mut, eigenständige Urteile zu fällen. Damit haben sie gezeigt, welcher Sprengstoff in einem vorurteilslosen Denken verborgen liegt. Die Philosophie ist ein gefährliches Geschäft, nicht nur für die Philosophierenden selbst, sondern auch für Gesellschaft und Politik. Nichts bleibt für immer an einer unverrückbaren Stelle. Alles kann zu jeder Zeit neu bedacht und beurteilt werden. Und das ist nicht für jedermann angenehm.

Grundfragen der Philosophie wurden von den Philosophinnen der Antike genauso gestellt wie von ihren männlichen Kollegen. Am Anfang der Philosophiegeschichte finden wir Denkerinnen und Denker, die sich auf das Experiment Philosophie eingelassen haben, egal, wohin es sie führte.

»Die Dummheit findet an sich selbst Gefallen«: Die christlichen Philosophinnen des Mittelalters

Hypatia war ein Opfer christlicher Eiferer geworden. Sie war die letzte uns bekannte »heidnische« Philosophin der Antike. Der Siegeszug des Christentums ging unaufhaltsam weiter und beeinflusste zunehmend das gesamte geistige Leben. Je stärker die Position der Kirche in der Gesellschaft wurde, desto weniger Rechte hatten die Frauen. Was die Philosophie betrifft, so wurde sie immer mehr zu einer Hilfswissenschaft der Theologie. Die Theologie und damit auch der »rechte«, von der Amtskirche vertretene Glaube durften nicht erschüttert werden. Sie stand an oberster Stelle. Die Philosophie hatte die Aufgabe, Argumente zu liefern, die die kirchliche Glaubenslehre stützen sollten.

Über philosophierende Frauen ist uns aus der frühen mittelalterlichen Zeit sehr wenig bekannt, und das, obwohl vor allem adlige Frauen im Prinzip sehr gebildet waren, meist sogar gebildeter als ihre Männer. Blieben sie unverheiratet, so traten sie oft in ein Kloster ein, wo sie die Möglichkeit hatten, ihr Wissen zu erweitern. Mit Sicherheit haben nicht wenige von ihnen eigenständige philosophische Gedanken entwickelt.

Erst ab dem 11. Jahrhundert, dem Beginn des Hochmittelalters, sind einige Philosophinnen so anerkannt gewesen, dass ihre Werke überliefert wurden. Das Christentum war mittlerweile die vorherrschende Religion im gesamten europäischen Raum geworden. Es war für die Menschen der oberste Maßstab, vor allem auch im Bereich des Handelns und der alltäglichen Lebenspraxis.

Für die gesamte Philosophie jener Zeit stand also der christliche Gott im Mittelpunkt. Eine Frage bildete sich immer stärker heraus: Wie lässt sich der Glaube an Gott mit der Vernunft verbinden? Ist es überhaupt zulässig, als gläubiger Mensch zu philosophieren, und wohin kann das freie Denken einen führen? Stehen Glauben und Denken einander unversöhnlich gegenüber, oder können sie sich vielleicht sogar gegenseitig befruchten? Die gesamte Philosophie des Hochmittelalters beschäftigte sich auch mit dieser Frage.

Die Lage der Frauen hatte sich inzwischen insofern verbessert, als sie weit mehr Berufe ausüben konnten als noch im frühen Mittelalter. Es gab zum Beispiel Händlerinnen und Schreiberinnen. Die Schreiberinnen hatten die Aufgabe, Abschriften von bedeutenden Werken zu machen. Das Schreiben war für Frauen überhaupt die einzige Möglichkeit, ihren Gedanken und Empfindungen Ausdruck zu verleihen. Öffentlich sprechen durften sie nämlich auf Anweisung der Kirche nicht. Die sah in der Frau im Vergleich zum Mann ein grundsätzlich minderwertiges Wesen. Selbst die bedeutenden Philosophen Thomas von Aquin (um 1225–1274) und Albertus Magnus (1200–1280) waren der Meinung, die Frau stünde in jeder Hinsicht tiefer als der Mann.

Gegen diese Ansicht hatten aber einige bedeutende Philosophinnen des Mittelalters entschieden etwas einzuwenden. Sie suchten und fanden eine Art philosophisches Schlupfloch, das ihnen ermöglichte, sich denkerisch zu entfalten. Dies Schlupfloch trägt den Namen Mystik. Das Wort Mystik stammt vom griechischen »myein« und heißt »die Augen schließen«. Als Gegenbewegung zur vernunftorientierten Scholastik verstand sich die Mystik als eine Philosophie der offenen Seele, des geheimnisvollen Wissens. So steht für die Mystik nicht die Ratio, der Intellekt, im Vordergrund, sondern das demütige Hören auf das, was Gott uns zu sagen hat. Eigeninteressen haben zu schweigen, das Ich ist ganz unbedeutend. Die Hingabe an das göttliche Wort ist die Bedingung dafür, es auch wirklich hören zu können.

Vier der fünf Philosophinnen des Mittelalters, die hier besprochen werden, haben sich der Mystik zugewandt und innerhalb dieser philosophischen Richtung spannende Gedanken entwickelt.

Hildegard von Bingen

(1098–1179)

Sie steht am Anfang der deutschen Philosophie. In der Forschung allerdings hat man sie lange Zeit überhaupt nicht beachtet. Man ging davon aus, dass Meister Eckhart (1260–1327) der erste deutsche Mystiker war, obwohl er sich ausdrücklich auf Hildegard berufen hat. Zwar gestand man Frauen eine gewisse Art mystischer Erlebnisse zu, aber man nahm sie darin nicht wirklich ernst. Vielmehr war man der Ansicht, Frauen seien aufgrund ihres »einfachen Geisteszustandes« in der Lage, auf spontane Weise so etwas wie eine göttliche Wirkung zu spüren. Die Aufgabe der Frauen war ja sowieso Hingabe an andere und nicht die Ausbildung eines starken eigenen Willens. Und so schienen sie prädestiniert für einen intensiven, auf dem Gefühl basierenden Glauben. Man traute ihnen allerdings nicht zu, diese Erlebnisse zu interpretieren und Schlussfolgerungen daraus zu ziehen, die auch für andere Menschen Geltung haben könnten.

Kennzeichen für das mystische Erleben ist, dass darin Gott unmittelbar erfahren werden soll. Oft ist diese Erfahrung verbunden mit einem Bildersehen, und man spricht dann von Visionen. Die Bilder haben symbolischen Charakter und müssen gedeutet werden. Der Höhepunkt des Erlebnisses besteht in der Ekstase, in der der Mensch der Welt entrückt wird und sich direkt von Gott aufgenommen fühlt.

Hildegard von Bingen wurde 1098 nahe Alzey geboren. Sie wurde als zehntes Kind von Hildebert von Bermersheim und dessen Frau Mechthild Gott »dargebracht«, wie es Sitte war, und bereits im Alter von acht Jahren in einer sogenannten »Frauenklause« untergebracht, da das nahe gelegene Benediktinerkloster keinen Platz frei hatte. Die Klause war seitlich an ein Männerkloster angebaut und hatte nur ein Fenster zum Kircheninneren und eines ins Freie. Die Tür führte in einen Kräutergarten. Hier lebte Hildegard 30 Jahre. Zwischen dem 14. und 15. Lebensjahr legte sie das Nonnengelübde ab. Hildegard war eine sehr begabte Frau: Sie lernte rasch, spielte mehrere Instrumente und komponierte. Ab 1136 war sie bis zu ihrem Tod Äbtissin und gründete zwischen 1147 und 1150 ein eigenes Kloster auf dem Rupertsberg bei Bingen. Für dieses Kloster musste Hildegard hart kämpfen. Ihr Eifer war den Mönchen nicht geheuer. Außerdem unterstanden Frauenklöster normalerweise dem Schutz und der Verantwortung von Männerklöstern. Im Jahr 1158 erreichte Hildegard die Unabhängigkeit ihres Klosters. Sie setzte eine Gleichstellung ihrer Nonnen den Mönchen gegenüber durch: Sie durften in der Kirche die gleichen Plätze einnehmen und singen. In ihren Erinnerungen spricht sie davon, dass sie vor allem in Krankheitszeiten immer wieder Visionen gehabt habe. Diese »Sehergabe« musste Hildegard durch Papst Eugen III. bestätigen lassen, was 1147 geschah. Die Mystikerin unternahm immer wieder Predigerreisen. Auch hier wurde sie argwöhnisch beobachtet, denn eigentlich war Frauen das Predigen untersagt. Im Jahr 1165 gründete Hildegard ein zweites Kloster in Eibingen. Sie nahm hier nicht nur adlige Frauen auf, sondern auch reiche Bürgerstöchter, was einer Revolution gleichkam. Immer wieder hatte sie Schwierigkeiten mit den Kirchenoberen. Diese lagen noch weit über ihren Tod hinaus im Streit mit ihr. Erst im 15. Jahrhundert söhnte man sich mit Hildegard aus und sprach sie sogar heilig.

In ihren Visionen offenbarte sich Hildegard der wunderbare Zusammenhang von Mensch, Gott und Kosmos. Das eigene Ich tritt dabei in den Hintergrund. Entscheidend ist für Hildegard, gerade nicht bei sich zu bleiben, sondern einen Blick auf das Ganze der Welt zu werfen. Überhaupt spielt in der Zeit des Mittelalters die Persönlichkeit oder Individualität noch längst nicht eine so große Rolle wie heutzutage. Viel entscheidender ist der Gedanke an den Menschen überhaupt oder die Menschheit im Ganzen. »Wie Asche und Aschenkot bin ich vor mir im tiefsten Grunde meiner Seele und wie verwehender Staub«, sprach Hildegard über sich selbst. Das ist kein Zeichen besonderer Bescheidenheit, sondern kennzeichnend für die Zeit, in der sie lebte und ihre Philosophie entwickelte. Der einzelne Mensch war gering im Vergleich zum Ganzen der Schöpfung.

Von Hildegard von Bingen sind drei große Werke überliefert. Sie arbeitete zehn Jahre lang an ihrer ersten Schrift mit dem Titel »Scivias« (»Wisse die Wege«). Hildegard beschreibt darin drei Visionen, die immer die Stellung des Menschen zum Kosmos und zu Gott zum Thema haben. Die Mystikerin arbeitet nicht mit abstrakten Formeln, sondern mit aussagekräftigen Bildern. Die Welt ist ein Rad, das von Gott gehalten wird. In der Mitte steht der Mensch. Er muss sich zwischen dem Guten und dem Bösen entscheiden und trägt für sein Leben und den Gang der Geschichte Verantwortung. Dabei ist es seine höchste Aufgabe, die Harmonie mit dem Kosmos und mit Gott immer wieder herzustellen.

Am zweiten Buch, dem »Liber vitae meritorum« (»Buch vom verdienstlichen Leben«), arbeitete Hildegard zwischen 1158 und 1161. In diesem Buch steht das rechte Handeln im Zentrum. Hildegard lässt die Tugenden und die Laster in personifizierter Form auftreten und wie auf einer Bühne ihre Streitgespräche führen.

Am interessantesten ist die dritte Schrift Hildegards: »Liber divinorum operum« (»Das Buch der göttlichen Werke«). Hildegard setzt den Menschen in einen direkten Bezug zum Kosmos, zu dem es menschliche Entsprechungen gibt: »Mitten im Weltenbau steht der Mensch. Denn er ist bedeutender als alle übrigen Geschöpfe, die abhängig von jener Weltstruktur bleiben.« Die Mystikerin hat ein hierarchisches Weltbild. Der Mensch steht höher als Tier und Pflanze. Zwischen Welt und Mensch beschreibt sie verschiedene Wechselbezüge. »Denn die Länge der menschlichen Gestalt und ihre Breite sind, wenn er Hände und Arme gleichmäßig von der Brust ausstreckt, gleicher Größe, wie auch das Firmament an Länge und Breite gleich ist.«

Der Mensch steht der Welt nicht gegenüber, er ist ein Teil von ihr. Philosophie war im Mittelalter nicht rationale Durchdringung und Interpretation, sondern ein Erschaffen von Bildern für das gedanklich Geschaute. Das ist für uns ziemlich fremd, sind wir es doch gewohnt, mit unserem Verstand die Dinge zu analysieren und auseinanderzunehmen, einzelne Teile zu betrachten. Die Bilderwelt Hildegards ist abgeschlossen. Alles hat darin seinen Platz, und alles steht zu allem in einer Beziehung und in der Beziehung zu Gott. Einzig die Religion stiftet Sinn. Ohne die Religion ist überhaupt nichts verstehbar. Grundsätzlich haben die Bilder in Hildegards »System« oft verschiedene Bedeutungen, je nachdem, aus welchem Bezug heraus sie betrachtet werden, aber das Ganze ist ein rundes, volles Ganzes.

Im Blick auf Gott findet Begegnung statt, ergeben sich verschiedene Konstellationen. Wir sind es gewohnt, individuell zu entscheiden, was wir für wahr halten. Für die meisten Menschen heute gibt es keine Glaubenswahrheiten mehr, die einfach unhinterfragt übernommen werden. Das war im Mittelalter anders, und vor diesem Hintergrund ist auch das Denken Hildegards zu sehen. Philosophie und Wissenschaft strebten nicht nach exakten Ergebnissen, sondern arbeiteten daran, den göttlichen Urgrund sichtbar zu machen.

Hildegard beschäftigte sich auch mit einem anderen Problem, das aus der Philosophiegeschichte nicht wegzudenken ist: In welchem Zusammenhang stehen Körper und Seele? Sind sie strikt getrennt zu betrachten, oder sind sie voneinander abhängig? Die Denkerin war der Meinung, dass sie einander brauchen. Obwohl die Seele eine Vorrangstellung hat, kommt doch gerade erst durch ihre Verbindung mit dem Körper ihr Wesen voll zur Geltung. »Die Seele belebt den Körper, sodass der Körper die Seele, aber auch die Seele den Körper benötigt, um wirken zu können.« Deshalb ist es auch wichtig, auf den Körper achtzugeben und ihn nicht zu vernachlässigen. Hier meldet sich die Heilkundlerin zu Wort. Hildegard hat ein Buch über das Erkennen und die Behandlung von Krankheiten verfasst mit dem Titel »Causae et Curae«. Es diente als Lehrwerk für werdende Ärzte.

Hildegard hat sich also nicht nur philosophisch betätigt, sondern sie hat neben der Heilkunst auch noch komponiert und naturkundliche

Schriften verfasst. Sie war eine ungemein vielseitige Frau, die sich nicht scheute, öffentlich aufzutreten, Predigten zu den verschiedensten Themen zu halten und ihre Meinung jederzeit kundzutun. Vielen Persönlichkeiten des öffentlichen Lebens erteilte sie Rat und pflegte Briefkontakte mit Päpsten und Königen. Hildegard war tief in ihrer Zeit verwurzelt, aber ihr Denken entwickelte sich außerhalb von dogmatischen Grenzen, auch wenn sie natürlich die Worte der Bibel sehr ernst nahm. Der Eigenverantwortung des Menschen ließ sie einen relativ breiten Raum.

> Wie die Wasser und die Abgrundtiefe die Macht und das Können Gottes zeigen, so verkündet auch die Seele des Menschen, die zu Gott hinstrebt, mit ihren Kräften in den guten Werken Gottes Macht und Können ... Und wie der Mensch nie aufhören wird zu sein, denn wenn er auch in Staub verwandelt wird, so wird er hernach auferstehen, so wird man auch seine Werke immer sehen können. Seine guten Taten werden ihn verherrlichen, seine bösen ihn beschämen, soweit sie nicht durch offenkundige Buße getilgt werden.
>
> HILDEGARD VON BINGEN:
> *DAS BUCH VOM VERDIENSTLICHEN LEBEN*

Mechthild von Magdeburg

(etwa 1212 bis etwa 1283)

Auch Mechthild von Magdeburgs Leben liegt weitgehend im Dunkeln. Im Alter von 20 Jahren entschloss sie sich, als Begine zu leben. Die Beginen waren religiöse Gemeinschaften, in denen Frauen ohne Klostergelübde zurückgezogen und asketisch lebten. Sie übten sich in Demut, Keuschheit, Gebet und durften keine Reichtümer anhäufen. Für ihren Lebensunterhalt mussten sie selbst sorgen. Viele Beginen arbeiteten als Lehrerinnen.

In ein »echtes« Kloster trat Mechthild erst 40 Jahre später ein. Im Alter von 60 Jahren wurde sie Zisterzienserin im Kloster Helfta in Thüringen. Zu dieser Zeit hatte die katholische Kirche angefangen, die Beginen zu verfolgen. Sie wurden als Ketzer gebrandmarkt.

Auch Mechthild erzählte von Visionen, die sie seit dem zwölften Lebensjahr heimsuchten. Sie schrieb diese Erlebnisse schweren Herzens nieder: »Ich fürchte Gott, wenn ich schweige, und fürchte aber unverständige Menschen, wenn ich schreibe.« Ihrem Buch gab sie den Titel »Das fließende Licht der Gottheit«.

Mechthild hat sich selbst für nicht besonders gebildet gehalten, was nicht ganz stimmen kann, denn immerhin stand sie mit ihrem Bruder Balduin in regem Briefwechsel, und der war Subprior im Dominikanerkloster in Halle und ein hoch gebildeter Mann. Mechthild begann etwa um 1250 mit dem Aufschreiben ihrer Gedanken und Erlebnisse.

Zwischen den beiden Welten, der irdischen, zeitlich begrenzten und der göttlichen, ewigen, fühlt sich Mechthild hin- und hergerissen. Um zu zeigen, wie sie ihr Streben über das alltägliche Leben hinaus erlebt, benutzt sie das Bild des Tanzes. Beim Tanzen berühren die Füße nicht mehr so richtig den Boden, sondern heben immer wieder ab, wobei es Mechthild vor allem die Sprünge angetan haben. Der Geist sollte beweglich sein und in einem unaufhörlichen Tanzen versuchen, die Grenze, die ihm gesetzt ist, zu überschreiten.

Die Mystikerin denkt sich das Herantasten an den metaphysischen Bereich nicht als logisch aufgebaute Stufenfolge, sondern als Auf und Ab, als Kreisen und Wirbeln und Springen.

Große Bedeutung hat für Mechthild das geschriebene Wort, in dem ihr Kampf um Erkenntnis für andere Menschen nachzulesen ist und dadurch weiterwirkt. Worte können in ihren Augen Fackeln sein, unzerstörbare Flammen. Eine starke Empfindungskraft und ein glasklarer Verstand wirken zusammen, wenn es um höchste Erkenntnis geht.

Als Mechthild im Kloster Helfta von jungen Nonnen um Hilfe beim Lernen gebeten wurde, sagte sie: »Was ihr verlangt, das findet ihr tausendfach in euren Büchern.« Aufmerksamkeit und Disziplin sind gefordert, Konzentration und ein sehr gutes Gedächtnis. In ihrer so überaus positiven Einschätzung des geschriebenen Wortes unterscheiden sich die mittelalterlichen Philosophinnen und Philosophen von denen der Antike, bei denen das gesprochene Wort vor dem geschriebenen stand.

Ein großes Thema ist für Mechthild auch die Auseinandersetzung mit Gut und Böse. Sie glaubt beobachten zu können, dass das Böse sich versteckt, die Tarnung liebt. Den Menschen fällt es schwer, Böses zu erkennen. Sie müssen durch die Masken des Bösen hindurchschauen und ihre Einfalt ablegen.

Mechthild kritisiert auch das Heuchlerische innerhalb der Kirche ihrer Zeit. Das brachte ihr viel Feindschaft ein. Zeitweise wurde sie sogar vom Gottesdienst ausgeschlossen. Sie war also, wenn auch nicht so intensiv wie Hildegard, eine Frau des öffentlichen Lebens. Auch Mechthild sagte ihre Meinung, wenn es darum ging, Missstände aufzudecken. Auch sie war ein politischer Mensch. Die Begegnung mit Gott war für sie auch ein Aufruf, nicht wegzuschauen, sondern sich aktiv zu beteiligen an den Auseinandersetzungen innerhalb der Gesellschaft.

Die Formen, in denen Mechthild ihre Gedanken unterbrachte, waren sehr vielfältig: Sprüche, Aphorismen, Gedichte, Lieder, Gebete, kleine theoretische Abhandlungen. Hier tritt etwas zutage, was für Philosophinnen charakteristisch ist: Sie lassen sich nicht gern auf eine sprachliche Form festlegen, sondern probieren Unterschiedliches aus.

> Diese sieben Dinge sollen wir üben:
> gerecht im Leben,
> barmherzig in der Not,
> getreu in der Gemeinschaft,
> hilfsbereit im Verborgenen,
> in Not und Elend schweigen,
> voll der Wahrheit sein,
> der Lüge Feind sein.
>
> MECHTHILD VON MAGDEBURG:
> *DAS FLIESSENDE LICHT DER GOTTHEIT.*
> AUS: »ICH TANZE, WENN DU MICH FÜHRST.«

Marguerite Porète

(1255–1310)

Marguerite Porète wurde im Hennegau geboren. Es ist sehr wahrscheinlich, dass sie nicht immer an einem Ort gelebt hat, sondern zumindest eine Zeit lang auf Wanderschaft war. Sie gehörte wie Mechthild v. Magdeburg den Beginen an. Die Beginen wurden damals in Frankreich bereits als Ketzerinnen verfolgt. Porète hat eine einzige Schrift verfasst: »Der Spiegel der einfachen Seele«. Es kam zu einem Prozess, den der Bischof von Cambrai gegen die Denkerin führte; ihr Buch wurde beschlagnahmt und im Jahr 1300 verbrannt. Porète ließ sich aber nicht mundtot machen. Sie las weiterhin öffentlich aus ihrem Text vor und wurde daraufhin in Paris in den Kerker geworfen.

Sie widerrief nicht und wurde 1310 als Ketzerin verbrannt. Bis heute hat die katholische Kirche diese Verurteilung nicht wieder gutgemacht. Alle Exemplare der Schrift, deren man habhaft werden konnte, wurden konfisziert und vernichtet. Eine Kopie des französischen Originals überlebte jedoch, wurde in mehrere Sprachen übersetzt und fand große Verbreitung.

Worin aber lag das Skandalöse dieses Werkes? Was hat die Kirchenoberen derart aufgebracht, dass Marguerite sterben musste?

In ihrem »Spiegel der einfachen Seele« schildert die Mystikerin den Aufstieg der Seele zu vollkommener Freiheit. Diese Freiheit bedeutet auch, religiöse Normen und Regeln der Kirche aufzugeben. Darin liegt die Sprengkraft des Textes, denn von den Philosophen und Philosophinnen des Mittelalters wurde erwartet, dass sie sich innerhalb dessen bewegten, was die katholische Kirche als reine Lehre vertrat. Das Ziel von Marguerite Porètes Freiheitsphilosophie ist es vor allem, aus dem Bewusstsein der göttlichen Liebe heraus zu leben. Dieses Bewusstsein stellt sich blitzartig ein, und Wille und Verstand schweigen. Einen solchen Zustand bezeichnet Porète als Paradies auf Erden.

Das Leben der Mystikerin Marguerite Porète zeigt, auf welch schmalem Grat man sich im Mittelalter bewegte, wenn man es wagte, selbstständig zu denken und eigene Ideen zu entwickeln. Es war schlichtweg lebensgefährlich, vor allem im Bereich von Theologie und Philosophie frei sprechen zu wollen.

Porète ließ sich keine Angst machen und bewies damit großen Mut. Sie stand zu dem, was sie als Wahrheit erkannt hatte.

Wohlan, wovor denn oder wieso vermöchte sich eine solche Seele zu fürchten? Tatsächlich, sie könnte und müsste sich weder fürchten noch scheuen, gesetzt auch, sie befände sich in der Welt, und es wäre so möglich, dass Welt, Fleisch und Teufel, dazu die vier Elemente und auch die Vögel der Luft samt dem stummen Vieh sie bedrängten, zerrissen oder verschlängen: Auch dann kann sie nichts verlieren, wenn Gott ihr bleibt. Denn er ist allüberall, allmächtig, ganz Weisheit und ganz Güte.

MARGUERITE PORÈTE: *DER SPIEGEL DER EINFACHEN SEELE*

Katharina von Siena

(um 1347–1380)

Katharina wurde als 23. Kind des Färbers Jakob Benencasa und seiner Frau Lopa in Siena geboren. Schon sehr früh berichtet sie von Visionen, die in ihr den Willen wachsen ließen, ins Kloster zu gehen. Aber zuerst musste der eiserne Widerstand der Mutter gebrochen werden. Sie wollte die Tochter mit zwölf Jahren verheiraten, wie es zur damaligen Zeit üblich war. Nachdem Katharina sich die Haare abgeschnitten hatte, war es nicht mehr zu übersehen: Das eigenwillige Persönchen hatte vor, Jungfrau zu bleiben und ihr Leben Gott zu weihen. Die Mutter konnte nun nicht mehr anders. Sie musste einwilligen, denn auch für sie waren die Zeichen allzu eindeutig. Ganz ohne Strafe für das widerspenstige Mädchen sollte es aber nicht abgehen: Katharina hatte fortan kein eigenes Zimmer mehr und musste im Haus als Magd arbeiten. Katharina wehrte sich gegen diese Einschränkungen nicht, denn in ihrem Kopf hatten andere Pläne bereits Gestalt angenommen. Sie wollte so schnell wie möglich Nonne werden. Schließlich hatte sie Glück und fand Aufnahme bei den Mantellaten, einem Laienorden. Katharina konnte weiter zu Hause wohnen und bekam auch ihr Zimmer zurück. Sie erlegte sich eine Schweigepflicht auf und verließ das Haus nur dann, wenn sie in die Kirche gehen wollte. Niemand musste sie zu einem asketischen Leben zwingen, denn sie wählte es ganz aus sich heraus, bis sie durch eine Vision den Auftrag erhielt, aus der Einsamkeit heraus in die Öffentlichkeit zu treten und sich sozial zu betätigen. Sie nahm das, was sie als Berufung ansah, sehr ernst und widmete sich vor allem den Kranken. Bald bildete sich ein Kreis von Nonnen, Mönchen und Laien um sie, der ihr half.

Im Jahr 1374 wurde Katharina nach Florenz bestellt, um vor den Oberhäuptern des Dominikanerordens ihre »Rechtgläubigkeit« zu beweisen, die infrage gestellt worden war. Sie meisterte diese Situation bravourös, und die Kirche schickte sie auf Reisen, um Menschen zum katholischen Glauben zu bekehren. Das war eine offizielle Mission, bei der sie von Beichtvätern begleitet wurde, die die Leute sogleich tauften.

Ihre Gedanken hat Katharina hauptsächlich in Briefen niedergelegt. Dabei war sie Analphabetin und musste ihre Texte diktieren. Erst spät lernte sie lesen und schreiben. In eine Systematik hat Katharina ihre Gedanken in ihrem Hauptwerk »Der Dialog« oder »Buch göttlicher Lehre« gebracht. Auffallend ist, dass das Buch in der Volkssprache, also im Dialekt, verfasst worden ist. Um ihren Leserinnen und Lesern den einfachsten Einblick in ihr Denken zu ermöglichen, hat sich Katharina für einen Dialog zwischen Gott und dem Menschen entschieden. Der Mensch stellt die Fragen, und Gott antwortet.

Der Mensch, der Gott liebt, tut dies nur dann wahrhaftig, wenn er auch seinen Nächsten liebt. Damit wäre der Kerngedanke von Katharinas Philosophie genannt. Im Zentrum steht die Ethik, die Lehre vom richtigen Handeln. Dabei legt Katharina großen Wert auf den freien Willen, der den Menschen dazu befähigt, für das Gute oder für das Böse einzustehen. Gott hat den Menschen die Willensfreiheit gegeben. Sie haben die Aufgabe, grundsätzliche Entscheidungen selbst zu treffen. Demut allein reicht nicht aus, um vor Gottes Augen bestehen zu können. Die Tugenden müssen geübt werden. Ein christlicher Mensch kann niemals in Passivität verharren. Die Grundtugend ist die Liebe, die in allen Menschen wirksam sein muss. Andere Tugenden, wie zum Beispiel Gerechtigkeit, Klugheit, Geduld oder Stärke, hat Gott unterschiedlich verteilt, damit seine Geschöpfe merken, dass sie aufeinander angewiesen sind.

Auch für Katharina gilt wie für alle anderen Denkerinnen und Denker des Mittelalters: Das eigene Ich hat nur eine sehr geringe Bedeutung. Immer muss man sich dessen bewusst sein, dass man sich nicht selbst das Leben gegeben hat, sondern dass es ein Geschenk Gottes ist. Wie auch bei Hildegard von Bingen und bei Mechthild von Magdeburg wird der Bezug zu Gott und zu den Mitmenschen in den Mittelpunkt des Philosophierens gestellt, nicht das eigene Ich. Mir selbst werde ich nur dann gerecht, wenn ich die anderen im Blick habe, ihre Sorgen und Nöte wahrnehme und ihnen helfe. Je unwichtiger ich mir selber bin, desto mehr Stärke zeige ich. Gott erwartet vom Menschen »grenzenloses Liebesbegehren«. Die von Gott empfangenen Tugenden sind nur dann wirklich da, wenn sie auch ausgeübt werden.

Katharina von Siena war also trotz ihrer asketischen Lebensweise keine weltfremde Frau. Sie sah ihre Aufgabe nicht im Rückzug aus der Öffentlichkeit, sondern in einer Antwort auf die Herausforderungen einer christlich bestimmten Gesellschaft.

Dabei lebte Katharina in einer Zeit, die beherrscht wurde von einer gewaltigen Krise innerhalb der katholischen Kirche. Auseinandersetzungen mit Kaiser Friedrich II. um eine Ausweitung der weltlichen Macht in Italien hatten bewirkt, dass die Päpste seit 1309 im Exil in Avignon residierten und eine prächtige Hofhaltung entfalteten. Katharina, die auf Harmonie und Bescheidenheit bedacht war, konnte das natürlich nicht gutheißen. Sie schrieb Briefe an Papst Gregor XI., bat ihn, nach Rom zurückzukehren, und besuchte ihn sogar persönlich. »Mit welcher Beschämung muss man zusehen, wie jene, die ein Spiegel der freiwilligen Armut sein sollten und von den Gütern der heiligen Kirche den Armen austeilen sollten, in so maßlosem Luxus, in Würden, Pomp und Eitelkeiten der Welt leben, und zwar tausendmal mehr, als wenn sie Weltleute wären«, so schrieb Katharina 1376 an den Papst. Und siehe da, sie hatte Erfolg. Noch im selben Jahr ging Gregor nach Rom zurück. Katharina muss eine sehr große Ausstrahlung gehabt haben. In verschiedenen Quellen wird davon berichtet, wie überzeugend ihr Auftreten war, wie gern die Leute ihr zuhörten und wie sehr jedermann überzeugt war von dieser Person. Sie hatte Charisma, war eine Persönlichkeit, der man abnahm, was sie sagte. Ihre Ideen sind keine abstrakten Gebilde, keine Luftblasen, sondern Gedanken, die mit Leben gefüllt sind. Katharina hatte selbst erfahren, worüber sie sprach. Nichts ist am Schreibtisch ausgedacht. Egal, wie man zu ihren Visionen steht, wie man sie interpretiert, ob man sie akzeptieren kann oder nicht, eines ist sicher: Katharina von Siena hatte ein ungemein bildhaftes Denken, und sie konnte das, was sie sah, eindrücklich darstellen. Sie war überzeugt von der großen Bedeutung, die ein wahrhaft ethisches Handeln, ein Miteinander der Menschen hat. Ihre Beziehung zu Gott führte über den Menschen. Deshalb konnte sie auch die Politik nicht außer Acht lassen. Ihre starke Überzeugung von der Einzigartigkeit des christlichen Weltbildes führte allerdings dazu, dass sie den Kreuzzugsgedanken unterstützte. Eine Vielfalt der religiösen Überzeugungen konnte sie nicht akzeptieren. Katharina hat aus ihrer religiösen Bindung heraus Politik gemacht. Sie hat Politik und christlichen Glauben nicht getrennt. Und das Christentum, so wie sie es verstand, war unvereinbar mit der Begegnung verschiedener Religionen. Und so rief sie auf zum »santo passaggio«, der heiligen Fahrt ins Heilige Land. Niemals rechtfertigt sie diesen Gedanken wirklich. Sie scheint schlichtweg überzeugt gewesen zu sein, dass der Krieg gegen die »Ungläubigen« in jedem Fall rechtmäßig sei. In ihren Augen gehört das Heilige Land den Christen und nicht den »ungläubigen Hunden«, wie sie sich ausdrückt. Genau das aber zeigt erneut, wie Katharinas Denken funktionierte: Sie empfing Bilder, die sie als Visionen deutete, sie las die Bibel wörtlich beziehungsweise bildlich. Sie hinterfragte diese Bilder nicht. Sie zweifelte nicht an der Eindeutigkeit ihres Wahrheitsgehaltes. Sie kannte nur eine Perspektive, nur den einen Blick auf die Welt. Sie betrachtete eine Sache nie von mehreren Seiten. Das machte sie für die meisten Menschen überzeugend, barg aber auch die Möglichkeit des Irrtums in sich. Katharina zog ihren Gedankenreichtum aus der direkten Anschauung. Ihre Philosophie entwickelte sich fern von einem Abwägen des Für und Wider einer Sache. Was sie dachte, dachte sie absolut.

Im Alter von nur 33 Jahren starb Katharina von Siena in Rom an »Auszehrung«, der Lungentuberkulose. Schon im Jahr 1461 wurde sie heiliggesprochen.

Fliehet müßige und leichtsinnige Gespräche. Zeiget im Reden und im ganzen Benehmen einen reifen Charakter. Verbannt jede Verzärtelung gegen euch selbst und jede knechtische Furcht. Die liebe Kirche braucht keine solchen Leute, sondern solche, die mit sich selbst streng und mit ihr selbst milde zu sein wissen.

AUS DEN BRIEFEN DER KATHARINA VON SIENA

Christine de Pizan

(1365–1429)

Nicht alle Philosophinnen des Mittelalters waren Mystikerinnen. Allerdings gehörte sehr viel Mut dazu, sich als Philosophin für ein Leben mitten in der Gesellschaft zu entscheiden.

Christine de Pizan war verheiratet und hatte drei Kinder. Das Schicksal meinte es nicht gut mit ihr: Ihr Mann starb sehr früh, und sie musste die Kinder allein großziehen, auch zu jener Zeit keine leichte Aufgabe. Als Witwe genoss sie kein hohes Ansehen – im Gegenteil, sie war dem Spott der Leute ausgesetzt. Aber zum Glück war Pizans Vater, der bereits vier Jahre vor ihrem Ehemann gestorben war, ein Mensch gewesen, der bemüht war, seiner Tochter so viel Bildung wie möglich zukommen zu lassen. Er selbst war an den Hof König Karls V. berufen worden und hatte dort den Posten eines Leibarztes und Astrologen. Das war eine sehr einflussreiche Tätigkeit, die der Familie ein sorgenfreies Leben bescherte, solange der König lebte. Da dieser aber früh starb, erlebte Christine de Pizan schon in jungen Jahren, dass das Leben ein ständiges Auf und Ab bedeutet, dass man nie sicher sein kann und immer damit rechnen muss, aus der Höhe in die Tiefe zu fallen, aus der Freude in den Schmerz. Auf jeden Fall blieb dem Vater genug Zeit, seiner Tochter ein gründliches Allgemeinwissen mit auf den Weg zu geben, einen Schatz, der ihr dabei helfen sollte, sich als selbstbewusste Frau durchzuschlagen.

Christine de Pizan entwickelte ihr Denken nicht im Schutz hoher Klostermauern, sondern mitten in einem harten Alltag zwischen Geldsorgen, dem Kampf um Ansehen und der Angst um das Wohl ihrer Kinder und ihrer Mutter. Sie wählte sehr unterschiedliche Formen, um ihren Gedanken Ausdruck zu verleihen: Gedichte, Sinnsprüche, historische, politische und philosophische Schriften. Sie ging dabei sehr diplomatisch vor, schockierte ihre Leser nicht durch ungewöhnliche Bilder, sondern übernahm die den Leuten bekannten Motive. Die Schärfe des Denkens und die Schonungslosigkeit, mit der sie gesellschaftliche Missstände entlarvte, waren aber sehr wohl wahrzunehmen für diejenigen, die wahrnehmen wollten!

Nicht nur der Alltag dieser Philosophin war konfliktreich, auch das politische und gesellschaftliche Leben der Zeit beschäftigte sie intensiv. Das 14. Jahrhundert war eine Zeit massiver kriegerischer Auseinandersetzungen. England und Frankreich führten den sogenannten Hundertjährigen Krieg, der von 1338 bis 1453 dauerte. König Karl VI. litt immer häufiger an Anfällen von Geistesverwirrtheit und wurde deshalb zum Spielball all derer, die ihre ganz privaten Interessen verfolgten. Frankreich war in sich zerrissen und so schwach, dass die Engländer ihren Eroberungszug erfolgreich führen konnten und weit ins Land der Franzosen eindrangen. Im Jahr 1421 zog sich Christine de Pizan in das Kloster von Poissy zurück, in dem ihre Tochter lebte. Hier verbrachte sie die letzten traurigen Jahre ihres Lebens. Nur einmal noch kam ein Schimmer von Hoffnung auch zu ihr. Im Jahr 1429 standen die Engländer vor Orléans. Ein 17-jähriges Mädchen aber schaffte es, der schwächelnden französischen Armee Mut zu machen. Sie ging zum König und sagte, Gott habe sie geschickt. Das junge Mädchen begleitete das französische Heer, stärkte dessen Kampfmoral, und es gelang, die Engländer in die Flucht zu schlagen. Die Hinrichtung der »Jungfrau von Orléans« auf dem Scheiterhaufen erlebte die Denkerin nicht mehr.

Ihr philosophisches Hauptwerk aber hatte sie vor dem Eintritt ins Kloster bereits geschrieben. Das entscheidende Denk-Jahr war 1404, und die damals entstandene Schrift heißt: »Das Buch von der Stadt der Frauen«.

Christine beschreibt darin eine Situation, die sie selbst erlebt hat: Sie sitzt in ihrem Zimmer und denkt nach über die Schlechtigkeit ihrer Zeit, zu der auch eine ausgeprägte Frauenfeindlichkeit gehört. Sie stürzt in eine tiefe Niedergeschlagenheit: »Während ich mich mit so traurigen Gedanken herumquälte, ich den Kopf gesenkt hielt wie eine, die sich schämt, mir die Tränen in den Augen standen und ich den Kopf in meiner Hand barg, den Arm auf die Stuhllehne gestützt, sah ich plötzlich einen Lichtstrahl auf meinen Schoß fallen, als wenn die Sonne schiene. Ich erhob den Kopf, um die Lichtquelle zu suchen, und erblickte drei gekrönte Frauen von sehr edlem Aussehen, die leibhaftig vor mir standen.«

Die »drei gekrönten Frauen« heißen Vernunft, Rechtschaffenheit und Gerechtigkeit. Um abstrakte Begriffe sinnfällig darzustellen und besser greifbar zu machen, wählt Christine de Pizan das Stilmittel der Allegorie. Im Mittelalter ist das nicht ungewöhnlich, sie ist eine sehr beliebte Form der Darstellung. So kann man Vernunft, Rechtschaffenheit und Gerechtigkeit leibhaftig vor sich sehen. Sie sind aus Fleisch und Blut und daher wunderbare Gesprächspartnerinnen für die Menschen.

Die drei Frauen wollen Christine de Pizan helfen, in ihrem Denken nur auf sich zu bauen, auf eigenen Füßen zu stehen. Gemeinsam unternehmen sie die schwierige Aufgabe, eine Stadt zu bauen, in der die drei Tugenden herrschen. Zuerst spricht Frau Vernunft: »Nach unser dreier Ratschlag bin ich damit beauftragt, den Anfang zu machen und dich mit haltbarem, unverfälschtem Mörtel zu versehen, damit ein solider Grund gelegt wird; dann um sie herum starke Mauern zu ziehen, hoch, breit, bestückt mit starken Türmen und wehrhaften Kastellen mit Gräben, richtigen Bollwerken, mit eben allem, was zu einer stark und dauerhaft befestigten Stadt gehört.« Frau Vernunft ist zuständig für den Grund, auf dem die Stadt zu stehen hat. Er ist am wichtigsten, denn ohne ihn hat nichts Bestand. Frau Vernunft hat einen Spiegel in der Hand, in dem jeder sein Wesen klar erkennen kann. Die zweite Dame ist die Frau Rechtschaffenheit. Sie hat danach zu schauen, dass die Menschen Gerechtigkeit üben, sich um die Armen kümmern und das Gute in jeder Hinsicht unterstützen. »Dieses funkelnde Lot, das du mich anstelle eines Zepters in der rechten Hand halten siehst, ist die gerechte Regel, die Recht vom Unrecht trennt und den Unterschied zwischen Gut und Böse anzeigt: wer ihr folgt, geht nie fehl.« Mit der Hilfe der Frau Rechtschaffenheit soll Christine die

Häuser, Straßen und Plätze schaffen. Als dritte Dame tritt Frau Gerechtigkeit auf. »Meine einzige Aufgabe besteht darin, zu urteilen, zu schlichten und Frieden nach dem gerechten Verdienst eines jeden zu stiften.« Die Frau Gerechtigkeit trägt in der rechten Hand eine Waagschale aus purem Gold. Es ist schwer, die wahre Gerechtigkeit herzustellen, deshalb ist Strenge vonnöten.

Die drei Frauen gehören zusammen. Keine kommt ohne die andere aus. Zusammen wollen sie Christine de Pizan helfen, die Stadt der Frauen zu erbauen. Nur wirklich edle Frauen sollen die Stadt bewohnen dürfen, das heißt solche, die sich bemühen, Gutes zu tun.

Im Dialog mit den drei Damen bildet sich die Philosophie Christine de Pizans aus. Wir würden heute wahrscheinlich sagen, sie spricht mit sich selbst, die Frauen sind Stimmen in ihrem eigenen Inneren. Ihr Bewusstsein ist Schauplatz des Geschehens. Aber das spielt im Grunde ja gar keine Rolle. Es macht nur deutlich, dass eben jede Zeit ihre eigenen Formen des Philosophierens und vor allem der Darstellung philosophischer Gedanken entwickelt. Sichtbar wird auch, wie wichtig die Gedankenwege sind, wichtiger noch als irgendwelche festen Ergebnisse.

Als das Buch fertig ist, bekommt es den Titel: »Le livre de la cité des dames« (»Das Buch von der Stadt der Frauen«).

Trotz ihrer umfassenden Kritik an Gesellschaft und Kirche ist Christine de Pizan eine gläubige Frau geblieben. Wie ihre männlichen Kollegen hat auch sie es vermocht, den Glauben zu behalten und sich dennoch der Wissbegier und einer kritischen Geisteshaltung nicht zu verschließen. Sie hatte den Mut, eine Utopie zu entwerfen, das Ideal eines Staates zu konzipieren. Christine de Pizan hat bereits in ihrer Zeit eine starke Wirkung gehabt. So wurde die »Stadt der Frauen« zum Beispiel ins Mittelenglische übersetzt. Der philosophische Gehalt ihres Werkes ist leider bis heute noch nicht ausreichend gewürdigt worden.

So stand ich also vor ihnen und betrachtete sie stumm, wie eine Person, der es vor lauter Verwirrung die Sprache verschlägt. Ich war von großer Bewunderung erfüllt und fragte mich, wer diese Frauengestalten wohl sein könnten, und wenn ich es gewagt hätte, hätte ich mich nur allzu gern nach ihrem Namen und Stand erkundigt, nach der Bedeutung der unterschiedlichen, sehr kostbaren Kleinodien, die eine jede in der rechten Hand hielt, und nach dem Grund ihres Kommens. Aber da ich mich für unwürdig hielt, solche Fragen an vornehme Frauen wie jene zu richten, wagte ich es nicht, sondern fuhr fort, sie anzusehen, halb erschreckt und halb beruhigt durch die an mich gerichteten Worte, die meinen ersten Verdacht entkräftet hatten.

CHRISTINE DE PIZAN:
DAS BUCH VON DER STADT DER FRAUEN

Die Entdeckung der unendlichen Welt im Inneren: Das Zeitalter der Renaissance

Die Philosophinnen des Mittelalters lebten nicht mehr so gefährlich wie ihre antiken Vorgängerinnen. Und dennoch war es noch längst nicht so, dass die Philosophie zu einem anerkannten Frauengeschäft geworden wäre. Am leichtesten hatten es die, die sich in den Schutz eines Klosters begaben. Sie vor allem hatten die Muße, die ein intensives Nachdenken fordert. Zog man ein weltliches Leben vor, so musste man als denkende Frau mit dem Spott der gebildeten Männerwelt rechnen. Man musste eine Kämpfernatur sein, um all die Widerstände zu überwinden.

Die mittelalterlichen Philosophinnen verbindet die enge Zusammengehörigkeit von Glauben und Wissen. Die Gewissheit, dass Gott als Erschaffer der Erde an höchster Stelle zu stehen habe, wurde nicht bezweifelt. Genauso klar war aber auch, dass wir Menschen unseren Verstand bekommen haben, um ihn zu nutzen. Die Aufgabe des Denkens muss es sein, das Leben so wertvoll zu machen wie nur irgend möglich. Denken und Handeln sollten eine enge Verbindung eingehen. Die praktische Philosophie oder Ethik steht im Mittelpunkt dieser Philosophien. Dies gilt selbst für die Mystikerinnen. Das Prinzip Verantwortung wird als oberster Grundsatz angesehen.

Zwischen etwa 1350 und 1650 lebte vor allem in Italien die Antike noch einmal auf. Renaissance, auf Deutsch Wiedergeburt, nennt man diese Epoche. Eine Zeit großer wissenschaftlicher und künstlerischer Leistungen begann. Die Menschen fingen an, sich selbst stärker als je zuvor in den Mittelpunkt zu stellen. Die alte Demut Gott gegenüber wurde hinterfragt. Die Wissenschaft wurde zunehmend auch von Laien betrieben und nicht mehr in der Hauptsache von Mönchen. Viele männliche Genies aus dieser Zeit gelangten zu Weltruhm: Leonardo da Vinci, Michelangelo, Kopernikus und nicht zuletzt der Erfinder der Buchdruckerkunst, Johannes Gutenberg. Bildung, Forschung, Erkenntnis – das waren die Zauberwörter. Zu einer umfassenden Bildung aber gehörten Kenntnisse in der Philosophie sowie in den Sprachen, in Mathematik, Naturwissenschaft und in Rhetorik selbstverständlich dazu. Hiervon waren die Frauen der oberen Stände nicht ausgeschlossen. Für sie gab es in der Renaissance mehrere Möglichkeiten, sich zu bilden. Da war zum Beispiel die Politikerin, die einer guten Ausbildung bedurfte. Hier können Katharina von Medici und Elisabeth I. von England genannt werden. Eine Rolle begann die Frau auch als Gelehrte zu spielen, wobei die Verbindung von Schönheit und Geist als besonders reizvoll erschien. Die Bildungsmöglichkeiten endeten allerdings normalerweise mit der Ehe, denn von da an hatte die Frau andere Pflichten zu erfüllen.

Der Mensch der Renaissance eröffnete sich neue Bereiche, zu denen vor allem auch der unendliche Raum im Inneren der Person gehörte. So, wie sich außerhalb von mir eine Weite und eine Tiefe auftun, so auch in meinem Inneren. Schaue ich in mich selbst hinein, so habe ich den Eindruck, in ein grenzenloses Reich vorzustoßen. Diese Erfahrung wurde in der Renaissance zum ersten Mal bewusst gemacht. Damit ging auch ein anderer Umgang mit der Welt einher. Die Menschen hatten nicht mehr einfach den Eindruck, ein Teil der Welt zu sein, ihren Platz darin einzunehmen, sondern wurden zu Beobachtern. Die Welt wurde nun vom Menschen her in den Blick genommen. Sie stand ihm fortan gegenüber als Gegenstand der Erforschung und Bearbeitung. Der denkende Mensch erlebte eine ganz neue Unabhängigkeit.

Die Philosophie der Renaissance war außerdem geprägt von einer starken Hinwendung zum antiken Gedankengut. Vor allem Platon wurde erneut intensiv studiert.

Die Position der Kirche wurde dadurch schwächer, was zur Folge hatte, dass es zu einer brutalen Verfolgung derer kam, die die Lehre der Kirche »verunreinigten«. In Zusammenhang mit der Inquisition gab es die sogenannten »Hexenverfolgungen«, denen vor allem Frauen zum Opfer fielen. Die Frau wurde von der Kirche mit dem Chaotischen in Verbindung gebracht, weil es sie dazu verführe, mit dem Teufel zu paktieren. Frauen galten als Übeltäterinnen an der Sache Gottes, und es war schwer, die Errungenschaften, die sie sich im 15. Jahrhundert erkämpft hatten, zu verteidigen.

Trotzdem war die Renaissance reich an Philosophinnen, die sich trotz aller Unterdrückung nicht von einem freien Denken abbringen ließen.

Tullia d'Aragona

(etwa 1508–1556)

Tullias Geburtsjahr ist nicht gesichert, es liegt zwischen 1508 und 1510. Ihr Geburtsort ist Rom. Hier verbrachte sie auch ihre Kindheit, und hier starb sie. Sie hielt sich zeitweise aber auch in vielen anderen Städten auf: Florenz, Ferrara, Siena und Venedig. Die Familie hatte so viel Geld, dass Tullia sich eine umfangreiche Bildung aneignen konnte. Ihr Wissen und ihre Schönheit wurden gerühmt, sie entsprach in hervorragender Weise dem Frauenideal der Renaissance. Tullia war auch in der philosophischen Gesprächsführung sehr begabt. Ungewöhnlich war ihre große Präsenz in der Öffentlichkeit, die sie auch nach dem Tod ihres Mannes nicht aufgab. Sie stand eine Zeit lang unter dem Schutz der Herzogin von Toledo. Tullia hatte sehr viele Verehrer, was sie unter den Komödienschreibern zum Gespött machte. Sie starb schließlich verarmt und von manchen als Hexe und Prostituierte verschrien.

Neben vielen Gedichten schrieb Tullia einen »Dialog über die Unendlichkeit der Liebe«. Er erschien zum ersten Mal 1547 in Florenz. Die Gesprächspartner sind Tullia selbst, der Philosoph Varchi und ein gewisser Muzio Lattanzio Benucci. Tullia führt sich selbst als Schülerin ein, versäumt allerdings nicht, ihr großes Wissen zu zeigen und ihre philosophische Begabung unter Beweis zu stellen, sodass manchmal sie als eigentliche Lehrerin erscheint. Grundthema der Schrift ist das Verhältnis zum Guten und Schönen, wie es auch schon in Platons Dialog »Symposion« erörtert wurde. Die höchste Form der Liebe ist demnach die unendliche Liebe, die nie aufhört und deshalb unerfüllt bleibt. Ihre Aufgabe ist es, sich in den geliebten Gegenstand hineinzuverwandeln. Die endliche Liebe nämlich verliert ihren Gegenstand, den oder die zu Liebende, weil sie nach Besitz strebt und deshalb, am Ziel angekommen, stirbt. Das unerfüllte Streben nach dem Höchsten ist vorzuziehen. Es ist längst nicht nur ein Gefühl, sondern hat einen vernünftigen Anteil. Anders als im Platonismus allerdings wird bei Tullia nicht dem (der) Liebenden, sondern dem (der) Geliebten der größere Wert eingeräumt. Der (die) Geliebte ist das Ziel und deshalb bedeutender als der (die) Liebende. Die große unendliche Liebe wird nicht durch Leidenschaft hervorgerufen, sondern durch Vernunft. Das oberste Ziel ist die geistige Vereinigung mit dem (der) Geliebten. Es ist verständlich, dass das den Spott der Komödienschreiber herausforderte, war doch bekannt, wie viele Verehrer und Liebhaber Tullia hatte. Ein Grund zur Diskriminierung oder gar Ächtung war das allerdings nicht, sondern lediglich eine zeittypische Reaktion. Männern sah man solche Widersprüche zwischen Theorie und Praxis jederzeit nach, Frauen hingegen nicht.

> Kein Zweifel ist daran möglich, dass jedes Ding, das sich zu einem bestimmten Ziel bewegt, ist dieses Ziel erst erreicht, von seiner Bewegung ablässt und sich folglich nicht mehr bewegt. Denn fällt erst die Ursache weg, die es in Bewegung hält und das Ziel seiner Bewegung war, so fehlt notwendigerweise auch deren Wirkung, also die Bewegung. Nun aber lassen alle, die nach der gemeinen Art lieben und nichts anderes ersehnen, als den geliebten Gegenstand körperlich zu besitzen, sofort von ihrer Bewegung ab, sobald sie die ersehnte Vereinigung erreichen, und lieben dann nicht mehr.
>
> TULLIA D'ARAGONA:
> *DIALOG ÜBER DIE UNENDLICHKEIT DER LIEBE*

Teresa von Avila

(1515–1582)

Teresa von Avila wurde als Tochter einer kastilischen Adligen und eines halbjüdischen Kaufmanns geboren. Ihre Mutter starb früh. Im Alter von sieben Jahren wollte Teresa mit ihrem Bruder zusammen zu den Muslimen wandern, um sich enthaupten zu lassen. Die beiden glaubten, auf diese Weise früh in den Genuss der himmlischen Freuden zu kommen. Zum Glück wurden sie bald entdeckt und nach Hause zurückgebracht. Im Jahr 1535 trat Teresa mit 20 Jahren gegen den Willen des Vaters in ein Karmeliterinnenkloster in Avila ein. Zwei große Sehnsüchte kämpften in ihrem Inneren gegeneinander: Einerseits stürzte sie sich gern ins pralle Leben, liebte den Genuss und die Zerstreuung, andererseits suchte sie Stille, Beschaulichkeit und Konzentration.

Zur Zeit Teresas war das Karmeliterinnenkloster ein offenes Kloster, das vor allem den Nonnen, die aus dem Adel stammten, viele Gelegenheiten bot, ihre Verwandten zu empfangen. Da Teresas Mutter dem Adel entstammte, musste Teresa also nicht viel tun, um sich Ablenkung vom beschaulichen Leben im Kloster zu verschaffen.

In ihrer »Vida«, der Lebensbeschreibung, äußert sie sich so: »Auf der einen Seite rief mich Gott, auf der anderen folgte ich der Welt; während ich große Freude an allen göttlichen Dingen hatte, fesselten mich die weltlichen. Ich schien damals zwei so entgegengesetzte und sich so feindlich gegenüberstehende Dinge wie das geistliche Leben und die sinnlichen Freuden, Genüsse und Unterhaltungen miteinander vereinigen zu wollen.«

Diese innere Zerrissenheit und der Wunsch, die widerstreitenden

Sehnsüchte in eine Harmonie zu bringen, brachten Teresa von Avila dazu, ihre Aufmerksamkeit dem eigenen Inneren zuzuwenden. Ihre Autobiografie schrieb sie zwischen 1560 und 1562. Zuvor hatte sie die »Bekenntnisse« des mittelalterlichen Philosophen Augustinus gelesen. Auch er hatte keinen geradlinigen Lebensweg, sondern musste mit sich und seinen weltlichen Neigungen kämpfen. Augustinus hat das Zeitbewusstsein des Menschen zu einem Zentrum seines Denkens gemacht und sich den Ort, an dem wir Vergangenheit, Gegenwart und Zukunft wahrnehmen, als großes Gebäude mit mehreren Hallen vorgestellt. Auch Teresa von Avila findet ein Bild für ihr Innerstes und spricht von der »inneren Burg«. Im zentralen Kern der Burg wohnt Gott. Anders als bei Augustinus findet der Mensch alles in seiner Seele, sagt Teresa, auch das, was so groß ist, dass es sich nicht aussprechen lässt. Auch das Gespräch mit Gott wird so zum Selbstgespräch. Die Zeit der Vorliebe für Allegorien ist vorbei. Teresa sucht keine Bilder mehr, um ihre Gedanken körperlich erscheinen zu lassen. Der Mensch, der ja für die Philosophinnen und Philosophen der Renaissance im Mittelpunkt der Betrachtung steht, macht sich auf den langen Weg ins Seeleninnere. Teresa nimmt ihre Gefühle, Träume und Ängste in den Blick. Gott ist für sie nicht anders zu erfassen als über diesen Weg der Selbstreflexion. Er thront nicht etwa irgendwo weit weg zwischen den Wolken, sondern ist so nah oder fern wie das Seeleninnerste. Jeder hat sein Leben, und jeder macht sich auf seine Weise auf die Suche nach dem Sinn. Die Sinnsuche ist als das höchste Ziel anzusehen. In ihrer Methode steht Teresa von Avila dem französischen Philosophen Montaigne sehr nahe. Er schrieb zur gleichen Zeit seine berühmten »Essais«. Auch Montaigne sah in der Selbstreflexion den einzigen Weg zu einem sinnvollen Leben, das sich nicht von äußeren Dingen beeinflussen lässt.

Teresa von Avila hat sich aber nicht nur theoretisch mit dem Weg der Erkenntnis auseinandergesetzt, sondern hat sich auch Gedanken gemacht über die Praxis des täglichen Lebens und sich hierbei besonders um den Alltag der Frauen gekümmert.

An ihre Mitschwestern schrieb sie: »Bekanntlich muss die Ehefrau, um gut verheiratet zu sein, mit ihrem Manne so umgehen, dass, wenn er traurig ist, sie sich ebenfalls traurig zeigen muss, und wenn er fröhlich ist, fröhlich, selbst wenn ihr überhaupt nicht danach zu Mute ist. Seht, Schwestern, von welcher Untertänigkeit ihr euch befreit habt.«

Teresa ist eine freiheitsdurstige Frau. Demut war nicht ihre Sache. Bescheidenheit und Zurückhaltung im Urteil ebenso wenig. Sie ließ sich keine Schranken auferlegen. Was sie sah, sah sie, und was ihr kritikwürdig erschien, kritisierte sie. Glaube und starkes Selbstbewusstsein schlossen sich für sie nicht aus, im Gegenteil. Nur jemand, der sich ernst nimmt, kann sich auch Gott nähern. Ohne Selbsterkenntnis kann es keine Gotterkenntnis und kein Leben in Würde geben. Teresa von Avila hat als gläubige Christin das Weltbild des Mittelalters hinter sich gelassen und einen großen Schritt in eine neue Zeit getan, in der nicht mehr ausgegangen wird von einer Geschlossenheit, innerhalb derer die Dinge und der Mensch ihren scheinbar unverrückbaren Platz einnehmen. Die Menschen erlauben dem Denken eine viel größere Freiheit und trauen ihm mehr zu. Es ist zu einem Abenteuer geworden, indem es den Weg in die schier undurchdringliche Wildnis des Seelenlebens eingeschlagen hat.

Teresa von Avila hat viele Klöster gegründet, so zum Beispiel in Sevilla, Granada und Burgos. Die Inquisition hat sie dafür mit Argwohn betrachtet. Teresa starb 1582 auf einer Reise an einem Blutsturz. Von ihren Werken hat man keines zu ihren Lebzeiten gedruckt. Bereits 1617 wurde sie allerdings zur Schutzpatronin Spaniens erklärt und 1622 heiliggesprochen.

Erschiene es nicht als eine schreckliche Unwissenheit, wenn jemand keine Antwort wüsste auf die Frage, wer er ist, wer seine Eltern sind und aus welchem Lande er stammt? Wäre dies ein Zeichen viehischen Unverstandes, so herrschte in uns ein noch unvergleichlich schlimmerer Stumpfsinn, wenn wir uns nicht darum kümmerten, zu erfahren, was wir sind, sondern uns mit diesen Leibern zufriedengäben und folglich nur so obenhin, vom Hörensagen, weil der Glaube es uns lehrt, davon wüssten, dass wir eine Seele haben. Aber welche Güter diese Seele in sich bergen mag, wer in ihr wohnt und welch großen Wert sie hat, das bedenken wir selten, und darum ist man so wenig darum bedacht, ihre Schönheit mit aller Sorgfalt zu bewahren.

TERESA VON AVILA: *DIE INNERE BURG*

Marie Le Jars de Gournay

(1565–1645)

Der Populärhistoriker Alain Decaux schrieb 1972 in seiner »Geschichte der Französinnen« über die Philosophin Marie Le Jars de Gournay: »Mademoiselle de Gournay ist leider hässlich. Und sie ist arm. Eine etwas ranzig gewordene alte Jungfer, die in einem Dachboden zwischen ihren Katzen und ihren Hexenbüchern vegetiert. Sie sagt selbst, dass sie das wenige Geld dem Kauf von Büchern opfert.« Des Weiteren beklagt sich der gute Mann darüber, dass das Fräulein zwar etwas von Philosophie verstehe, aber nur einmal im Jahr bade. Man bedenke: So schreibt ein Mann, noch dazu ein Wissenschaftler, in der zweiten Hälfte des 20. Jahrhunderts!

Marie Le Jars de Gournay wurde 1565 in Paris geboren. Ihre Familie war durch die Religionskriege verarmt. Für Maries Bildung war kein Geld vorhanden, und so eignete sie sich ihr Wissen autodidaktisch an. Sie lernte Latein, indem sie die lateinischen Schriften, die ins Französische übersetzt worden waren, mit den Originalen verglich. Die junge Frau interessierte sich aber auch für Physik, Geometrie, Geschichte und Philosophie. Marie Le Jars blieb ledig und führte in ihrem Haus einen Salon, in dem sich gebildete Männer und Frauen trafen, um Gespräche über die unterschiedlichsten Themen aus Philosophie, Politik und Literatur zu führen. Finanziell hielt sich die Philosophin einigermaßen über Wasser, weil sie immer wieder reiche Bekannte hatte, die sie unterstützten. Zu diesen Personen gehörte auch Kardinal Richelieu, der ihre Intelligenz und ihren Witz bewunderte.

Mit 18 Jahren entdeckte Marie Le Jars de Gournay den Philosophen Michel de Montaigne (1533–1592). In seiner Philosophie ist der Mensch zunächst einmal ein einsames, an die dunklen Mächte des Lebens ausgeliefertes Wesen. Sein klares Erkenntnisvermögen hilft ihm überhaupt nicht. Was ihm bleibt, ist die Möglichkeit, aus sich heraus ein sinnvolles, moralisches Leben zu führen im Angesicht eines ständig drohenden Todes. Ein philosophisches Leben bedeutet, dem Tod und dem ständigen Dahinfließen des Lebens ins Gesicht zu sehen und das Sterben zu lernen, was aber für Montaigne keine Resignation mit sich bringt. Der Mensch wird im Gegenteil zum Handelnden aus eigener Verantwortung. Marie Le Jars hatte das Glück, Montaigne im Jahr 1588 zum ersten Mal persönlich zu treffen. Beide waren sehr beeindruckt voneinander, und es entstand eine rege geistige Zusammenarbeit. Montaigne nannte de Gournay seine »geistige Adoptivtochter«. Sie ließ sich von ihm ermutigen, selbst zu schreiben und vor allem zu veröffentlichen. Ihre Gedanken legte sie aber zunächst nicht in einer theoretischen Abhandlung nieder, sondern in einem Roman und in Gedichten. Die Unterscheidung zwischen Tugenden und Lastern gehört zu ihren Hauptthemen. So sieht sie die Freundschaft und damit das Gespräch als unabdingbar an für die Entwicklung des Menschen. Theorie und Praxis dürfen in ihren Augen kein Eigenleben führen, sondern müssen sich gegenseitig stützen und bereichern.

Im Jahr 1618 schrieb de Gournay eine Abhandlung über die Bedeutung der Sprache. Sie setzte sich für Vielfalt und Lebendigkeit ein und kämpfte gegen die sogenannte »geschliffene« Sprache, die bloß dazu diene, sich in die höheren Kreise einzuschmeicheln. Alles Gezierte und Affektierte war ihr zuwider. Leider nahmen nur wenige einflussreiche Leute sie ernst. Sie wurde verhöhnt und verspottet. Die Philosophin ließ sich jedoch nicht beirren und schrieb 1622 ihr Hauptwerk »Über die Gleichheit von Männern und Frauen«. Man darf bei der Lektüre nicht übersehen, dass diese Schrift in einer Zeit veröffentlicht wurde, in der es noch immer Hexenprozesse gab, auch in Frankreich. De Gournay lebte also nicht ungefährlich.

Der Grundgedanke des Buches besteht darin, zu zeigen, dass Männer und Frauen zwar physisch unterschiedlich sind, dass ihre Seelen jedoch gleich sind. Die Philosophin zieht viele Beispiele aus der Geschichte zur Verdeutlichung ihrer These heran. So lässt schon Platon die bedeutendsten Gedanken von einer Frau aussprechen. Auch weist sie auf Hypatia und andere gebildete Frauen hin. Auch Katharina von Siena fehlt nicht. Wenn Frauen dennoch oftmals nicht mit den Männern mithalten könnten, so liege das an den fehlenden Bildungsmöglichkeiten. Dabei mache es einen großen Unterschied, ob eine Frau auf dem Land oder in der Stadt wohne, ob sie aus armem oder reichem Hause stamme.

Um ihre Philosophie für die Leserinnen und Leser verständlicher zu machen, greift sie auch zu Anekdoten, witzigen Vergleichen und geistreichen Wortspielereien. Um die Ähnlichkeit von Mann und Frau zu verdeutlichen, sagt sie beispielsweise: »Nichts ähnelt dem Kater auf der Fensterbank mehr als die Katze.«

Die Frauen werden ermutigt, sich ihres Verstandes zu bedienen und sich die Bildung anzueignen, die sie wünschen und brauchen, um geistig neben den Männern bestehen zu können und die Gleichheit der Geschlechter auch in der Wirklichkeit zu beweisen.

Fast zur gleichen Zeit wie ihre Schrift über die Gleichheit der Geschlechter schrieb de Gournay eine kurze Abhandlung, die polemischer Natur ist und die sie »Beschwerde der Frauen« nannte. Hier lässt sie ihrem Ärger freien Lauf und schimpft: »Mancher sagt dreißig Dummheiten und wird gleichwohl obsiegen, durch seinen Bart oder durch den Stolz auf seine vermeintlichen Fähigkeiten ...« In ihren Texten übt de Gournay stets eine scharfe Gesellschaftskritik, die sich vor allem gegen Leute richtet, die unbedingt zu Ansehen bei Hofe kommen wollen und denen jedes Mittel recht ist, dieses Ziel zu erreichen. Die Philosophin verbindet also Theorie und Praxis in jeder ihrer Schriften.

Das Gesamtwerk von de Gournay erschien 1626. In ihren letzten Lebensjahren zog sie sich zurück, war aber nie ganz aus der Öffentlichkeit verschwunden. Nach ihrem Tod blieb sie zwar nur wenigen als gelehrte und denkerisch ungewöhnliche Frau im Gedächtnis, aber diese wenigen lobten sie in den höchsten Tönen. So beeinflusste sie zum Beispiel den französischen Frühaufklärer Poulain de la Barre, der im 17. Jahrhundert eine Schrift über die Gleichheit der beiden Geschlechter herausbrachte.

Genau genommen ist das menschliche Wesen übrigens weder männlich noch weiblich: Das unterschiedliche Geschlecht ist nicht dazu da, einen Unterschied in der Ausprägung herauszubilden, sondern es dient lediglich der Fortpflanzung. Das einzige wesenhafte Merkmal besteht in der vernunftbegabten Seele. Und wenn es erlaubt ist, beiläufig einen kleinen Scherz zu machen, dann wäre hier wohl jene anzügliche Bemerkung nicht unpassend, die besagt: Nichts ähnelt dem Kater auf der Fensterbank mehr als die Katze. Der Mensch wurde sowohl als Mann wie Frau geschaffen. Männer und Frauen sind eins. Wenn der Mann mehr ist als die Frau, dann ist die Frau gleichfalls mehr als der Mann.

MARIE LE JARS DE GOURNAY:
ÜBER DIE GLEICHHEIT VON MÄNNERN UND FRAUEN

Klar und deutlich erkennen: Das 17. Jahrhundert

So war die Renaissance eine philosophiegeschichtliche Epoche, in der sich die Frauen zum ersten Mal ihrer denkerischen Eigenständigkeit bewusst wurden und gleichzeitig die Diskriminierung ihres Geschlechts in aller Deutlichkeit kritisierten. Sie begannen, den Blick in ihr Inneres zu werfen, und entdeckten eine Vielfalt an Möglichkeiten, Begabungen, an bislang ungenutzten Fähigkeiten. Und sie wollten es fortan nicht mehr den Männern gestatten, sich als Herrscher über das Reich der Philosophie aufzuspielen.

Eine neue Zeit hatte begonnen, und tatsächlich spricht man vom 16. und vor allem vom 17. Jahrhundert als dem Beginn der »Neuzeit«. Die Kennzeichen dieser neuen Zeit sind vielfältig: Die Entwicklung der Naturwissenschaften macht große Fortschritte, die Bedeutung der Mathematik ist immens, die Beherrschbarkeit der Natur scheint möglicher denn je. Dennoch haben wir es auch mit einer Zeit zu tun, in der es nicht an Zweifel und Skeptizismus mangelt.

Der berühmteste Philosoph des 17. Jahrhunderts ist der Franzose René Descartes (1596–1650). Ihn nennt man den »Vater der modernen Philosophie«. Er radikalisierte die philosophischen Ansätze der Renaissance noch einmal. An allem kann seiner Meinung nach gezweifelt werden, alles kann eine Täuschung sein, vor allem das, was wir mit unseren Sinnen wahrnehmen. Wer sagt mir denn, dass nicht ein betrügerischer Geist mich an der Nase herumführt und mir etwas vorgaukelt, was gar nicht existiert? Diesen totalen Zweifel nimmt Descartes als Ausgangspunkt seiner »Meditationes«, wie er seine philosophische Methode nennt. Was bleibt, wenn an allem gezweifelt wird? Nach Descartes ist die einzige unbezweifelbare Tatsache das Bewusstsein, das zweifelt. Ich denke, also bin ich, »cogito, ergo sum«, so lautet die Schlussfolgerung von Descartes. Aber wieso Radikalisierung des Grundgedankens der Renaissance? Weil nicht mehr der ganze Mensch im Zentrum steht, sondern vor allem das Denken, das Bewusstsein. Dies ist neu. Damit wird dem Bewusstsein eine ungeheure Bedeutung zugestanden. Mit seiner Rationalität ist der Mensch in der Lage, das Universum gedanklich zu verstehen. Descartes unterscheidet strikt zwischen der »res extensa« als der ausgedehnten Substanz, womit er die sinnlich wahrnehmbare, dingliche Welt bezeichnet, und der »res cogitans« als der denkenden Substanz, die das Bewusstsein meint. Er unterscheidet also Körper und Geist. Eine solch eindeutige Meinung muss auch kritische Denkerinnen herausfordern.

Margaret Cavendish

(1623–1673)

Margaret Lucas wurde als jüngstes Kind einer anglikanischen Gutsbesitzerfamilie in Essex geboren. Ungewöhnlich war es für die Zeit, dass ihre Mutter ihr keinerlei hausfrauliche Fertigkeiten vermittelte. Eine intellektuelle Ausbildung bekam sie allerdings auch nicht. Eine aktive Rolle in der Öffentlichkeit war also nicht geplant. Im Jahr 1639 wird das Gut von der verarmten Landbevölkerung geplündert. Es herrschte Unruhe im Königreich. König Karl I. regierte ohne Rücksicht auf das Parlament, was schließlich 1642 zur puritanischen Revolution führte. Auf der einen Seite stand der König, der den Hochadel und die Anhänger der anglikanischen und der katholischen Kirche hinter sich hatte, auf der anderen Seite stand die puritanische Mittelschicht. Im Jahr 1649 siegte das Parlamentsheer unter der Führung von Oliver Cromwell. Der König wurde hingerichtet.

Im Jahr 1643 ging Margaret Lucas ins Exil nach Paris, wo sie als Hofdame bei der Königin Henrietta Maria von Frankreich arbeitete. Zwei Jahre später heiratete sie den 50-jährigen Generalfeldmarschall William Cavendish. 1660 wird sie durch die Erhebung ihres Mannes in den Adelsstand zur Herzogin. Die beiden hatten keine Kinder, was Margaret Cavendish sehr gelegen kam, hatte sie doch dadurch ein Argument für ihre Bildungsbeflissenheit zur Hand. Mit der Hilfe ihres Mannes vertiefte sie ihre Kenntnisse in der Philosophie und in anderen Wissenschaften. Im Jahr 1648 zogen die Cavendishs nach Antwerpen und blieben dort bis 1660. Danach kehrten sie nach England zurück, wo sich Cavendish ganz ihren Studien widmete. Im Jahr 1667 durfte sie als erste Frau an einer Sitzung der Royal Society of London teilnehmen. Die Royal Society war 1660 vor allem zur Förderung der Naturwissenschaften gegründet worden. Sie ist die älteste Akademie der Welt.

Margaret Cavendish starb mit nur 50 Jahren. Im Jahr 1679 veröffentlichte ihr Mann, der stets ein großer Bewunderer ihres Denkens war, ihre gesammelten Schriften.

Für Cavendish hat die Materie nichts Statisches, Starres, dem menschlichen Bewusstsein einfach als bloßes Objekt Gegenüberstehendes, sondern ist belebt und organisch. Sowohl die Materie als auch die Intelligenz oder der Geist gehören zur Natur. Natur ist für sie der Name für das umfassende Ganze aus Mensch und Welt. Cavendish denkt sich die Materie als intelligent und nicht von außen, sondern durch sich selbst bewegt. Der Mensch bleibt Teil der Natur und kann sich daher niemals anmaßen, die Herrschaft über die Materie auszuüben. Was Descartes als Zweiheit gedacht hat, möchte Cavendish als Einheit verstanden wissen. In Cavendishs Augen sind die Reden über den Menschen als »Krone der Schöpfung« falsch und irreführend. Genau hier setzt auch ihre Kritik an Descartes an, der die Beziehung zwischen Mensch und Natur als ein Machtverhältnis definiert. Auch ihre Interpretation von Bewegung steht der von Descartes entgegen. Bewegung hat bei Cavendish nichts Mechanisches.

Es gibt in ihrer Philosophie also keine träge, vernunftlose Materie. Sie denkt sich die Einheit alles Materiellen, dessen einzelne Teile zusammengehalten werden. Verglichen werden kann die Natur, wie Cavendish sie versteht, am besten mit einem wohlgeordneten Staat, in dem die einzelnen Glieder durch Kommunikation aufeinander bezogen sind.

Der Mensch ist eine Mischung aus rationalen und empfindsamen Teilen, die alle in ständiger Bewegung sind. Die rationalen Bewegungen sind die aktiveren, haben aber deshalb nicht das natürliche Recht, über die Empfindungen zu herrschen. »Denn die Befehle des Rationalen und die Unterordnung des Empfindsamen ist eher ein Übereinkommen als ein Zwang.« Auch hier spielt wieder das Prinzip Kommunikation die Hauptrolle. Cavendish hat auch über die Beziehung zwischen Gott und Mensch nachgedacht. Gott hat zwar die Natur geschaffen, sich danach aber wieder zurückgezogen. Gott wird von Cavendish als immateriell und unbewegt gedacht. Deshalb bleibt er auch strikt getrennt von der Natur, die materiell und bewegt ist. Gott ist das ganz Andere und kann von uns Menschen nicht begriffen werden. Die Erkenntnis stößt hier eindeutig an ihre Grenzen.

Margaret Cavendishs Hauptwerke sind: »Philosophical Letters«, »Observations upon Experimental Philosophy« und »Grounds of Natural Philosophy«. In ihrer Zeit wurde sie als Denkerin nicht ernst genommen beziehungsweise an den Rand gedrängt. Man war von einem Weltbild überzeugt, das mechanische Abläufe in den Vordergrund stellte. Die Vorstellung von der belebten Natur wurde dennoch immer wieder aufgegriffen. So hat im 17. Jahrhundert auch der Philosoph Gottfried Wilhelm Leibniz (1646–1716) eine solche Naturtheorie entworfen, indem er sagte: »Es gibt demnach im Universum nichts Ödes, nichts Unfruchtbares, nichts Totes, kein Chaos und keine Verwirrung.« Margaret Cavendish war eine der ersten Theoretikerinnen, die sich an einer Art ökologischer Ethik versuchten. Indem sie deutlich gemacht hat, dass der Mensch kein Recht habe, sich über die Natur zu erheben, hat sie ihn dazu aufgerufen, bescheiden zu sein, sich nicht als Herrscher über die Natur aufzuspielen und die Eigengesetzlichkeit, das lebendige Spiel der Natur zu beachten. Margaret Cavendish war eine der ersten so genannten »Scientific Ladies«, die vor allem in England zu Hause waren.

> Nun, da ich in den vorhergehenden Teilen, nach der allgemein üblichen Art über die Tiere gesprochen habe, will ich in den folgenden Kapiteln ausführlicher über die Art sprechen, die wir Menschheit nennen. Wer glaubt, dass sie die klügsten aller Geschöpfe sind, ist ignorant gegenüber der Natur der anderen Kreaturen; und selbst ein ganzer Mensch (wie ich es hier ausdrücken möchte) kennt nicht alle figürlichen Bewegungen, die entweder zu seinem Geist oder Körper gehören.
>
> MARGARET CAVENDISH: *GROUNDS OF NATURAL PHILOSOPHY*

Anne Finch Conway

(1631–1679)

Auch Anne Finch Conway kann eine Scientific Lady genannt werden. Sie wurde in London geboren. Ihr Vater starb noch vor ihrer Geburt, und die Mutter musste ihre elf Kinder allein großziehen. Anne Finch Conway brachte sich mehrere Sprachen bei und zeigte schon früh Interesse an philosophischen Abhandlungen. Obwohl sie seit ihrer Kindheit an starken Migräneanfällen litt, konnte sie das nicht daran hindern, intensive Studien zu betreiben. Im Jahr 1645 begegnete sie dem Philosophen Henry More und wurde seine eifrigste und begabteste Schülerin. Er widmete ihr sogar seine Schriften. More schrieb vor allem philosophische Gedichte. Durch ihn lernte Anne Finch Descartes' Philosophie kennen.

Im Jahr 1651 heiratete sie Edward Conway. Sie bewohnten den Landsitz der Conways und veranstalteten philosophische Treffen; 1670 traf Finch Conway den Wandergelehrten Franciscus Mercurius van Helmont, mit dem sie bis zu ihrem Tod eine tiefe Freundschaft verband. Im Gespräch mit ihm entstanden viele ihrer philosophischen Grundgedanken. Er machte sie auch mit der jüdischen Geheimlehre, der Kabbala, bekannt. Von der Migräne konnte jedoch auch Helmont, der sich als Heiler versuchte, sie nicht befreien. Bis zu ihrem Tod 1679 verbrachte Lady Conway viele Tage und sogar Wochen in abgedunkelten Räumen.

Von Anne Finch Conway ist nur ein Manuskript erhalten: »The Principles of the Most Ancient and Modern Philosophy«.

Wie Cavendish denkt auch Conway die Natur als lebendigen Organismus und nicht als Maschine. Auch sie kritisiert Descartes: »Denn die cartesianische Philosophie sagt, dass jeder Körper bloß tote Masse sei, nicht nur ohne jede Art von Leben und Empfindung, sondern dazu auch in alle Ewigkeit absolut unfähig; dieser große Irrtum muss auch all jenen angelastet werden, die behaupten, dass Körper und Geist gegensätzliche Dinge seien und nicht ineinander überführbar, sodass sie einem Körper jegliches Leben und Empfinden absprechen.«

In Conways Philosophie hat jeder Körper Leben. Körper und Seele sind aus der gleichen Substanz und haben nur unterschiedliche Formen. Den Körper beschreibt sie als verdichteten Geist, den Geist als flüchtigen Körper. Allem Lebendigen wohnt eine Ursubstanz inne, die Conway »Monade« nennt. Das Wort Monade ist vom griechischen »monas« abgeleitet und bedeutet Einheit. Die Monade ist für Conway die in der Natur wirkende Substanz. Sie ist unwandelbar und unteilbar, individuell und spiegelt doch jeweils das Ganze des Universums.

Die Ur-Monade ist für Conway Gott. Er hat alles geschaffen, ist körperlos und steht außerhalb der Zeit. Gott kann nicht begriffen werden.

In die Philosophiegeschichte ist der Begriff der Monade allerdings nicht durch Lady Conway eingegangen, sondern durch Gottfried Wilhelm Leibniz (1646–1716). Er wurde berühmt mit seiner Monadologie. Auch er kannte van Helmont, der ihm von Lady Conways Vorstellung der Monade erzählte. Leibniz selbst hat an verschiedenen Stellen darauf hingewiesen, dass er von Lady Conway beeinflusst worden sei. Dennoch hat man sie und ihre denkerische Leistung vergessen. In keinem Philosophielexikon taucht ihr Name auf, wenn es um die Erklärung des Begriffs Monade geht.

Angenommen, ein großer Kreis oder ein Rad dreht sich um sein Zentrum, das immer ruhig an dieser einen Stelle verweilt. Wie manche glauben, wird in der gleichen Weise die Sonne von irgendeinem Engel oder Geist, der in der Mitte bleibt, in einer bestimmten Anzahl von Tagen um das eigene Zentrum gedreht. Obwohl das Zentrum das Ganze bewegt und eine große und kontinuierliche Bewegung erzeugt, bleibt es doch selbst immer still und wird auf keine Weise bewegt. Und um wie viel mehr ist dies wahr für Gott, der die erste bewegende Kraft aller Geschöpfe ist entsprechend all ihren wirklichen und bestimmten Bewegungen. Er jedoch wird von ihnen nicht bewegt.

ANNE FINCH CONWAY:
DIE PRINZIPIEN DER ÄLTESTEN UND
DER GEGENWÄRTIGEN PHILOSOPHIE

Mary Astell

(1666/8–1731)

Mary Astell wurde in Newcastle-upon-Tyne in eine königstreue und konservative Familie geboren. Ihr Onkel, ein anglikanischer Geistlicher, lehrte sie Mathematik, Philosophie und moderne Sprachen. Mit 18 Jahren hatte Mary Astell bereits beide Eltern verloren und ging nach London, wo sie sich mit einer Freundin zusammen eine Wohnung nahm. Diese Wohnung wurde zum Treffpunkt intellektueller Kreise, und man diskutierte über Religion, Philosophie und die Frauenfrage. Astell blieb unverheiratet. Sie starb 1731 an Krebs.

Mary Astell hatte Descartes und vor allem John Locke (1632–1704) gelesen. Dessen Philosophie des »Empirismus« faszinierte sie ungemein. Kurz gefasst geht diese denkerische Position davon aus, dass es kein Wissen ohne Erfahrung geben kann. Locke verbindet also die Frage nach der Erkenntnis mit der Erfahrung. Rationalität hat nur dann einen Sinn, wenn die Menschen Erfahrungen sammeln, und zwar sowohl draußen in der Welt als auch im eigenen Inneren. Ein Problem besteht darin, zu klären, wie der Bezug zwischen sinnlich wahrnehmbaren Dingen und den Vorstellungen im Inneren des Menschen hergestellt wird. Hier unterscheidet Locke zwischen verschiedenen Möglichkeiten. Als Beispiel sei auf eine Möglichkeit hingewiesen: Es gibt Vorstellungen, die nur durch einen einzigen Sinn in unser Bewusstsein kommen, wie Gerüche oder Töne.

Für Mary Astell, die, wie John Locke, der Meinung ist, dass es kein Wissen ohne Erfahrung geben kann, lehrt uns die Erfahrung oder müsste sie uns lehren, dass Mann und Frau gleichermaßen mit Vernunft ausgestattete Wesen sind. Diese Gabe muss aber beständig in Übung bleiben, sonst verkümmert sie. Astell fordert Bildung vor allem auch für die Frauen, denn sie ermöglicht eine Steigerung des Selbstwertgefühls. »Unwissenheit macht geneigt zu Lastern, und umgekehrt hält uns Lasterhaftigkeit unwissend, sodass wir nicht von dem einen frei sein können, außer wir meiden das andere.« Was die öffentlichen Aufgaben der Frauen betrifft, denkt Astell allerdings traditionell. Hier haben sie sich zurückzuhalten und den Männern den Vortritt zu lassen.

Frauen müssen sich wie auch die Männer von Vorurteilen lösen und sich nur von dem überzeugen lassen, wofür es klare Beweise gibt. Klarheit und Deutlichkeit sind vor allem im Bereich der Wissenschaft unbedingt nötig. Hier lehnt sich Astell an das »clare et distincte percipere« (klar und deutlich erkennen) von Descartes an. Genauso aber gibt es Wahrheiten, die unser Verstand nicht erkennen kann. Dazu gehört Gott. Auch der Glaube ist eine Art Wissen, nur eben nicht im Sinne der Wissenschaft. Astells Hauptwerk »A Serious Proposal to the Ladies« ist 1694 erschienen. Es wurde zu Lebzeiten der Philosophin sehr viel gelesen, geriet dann aber in Vergessenheit, bis es 1986 wieder aufgelegt wurde. Eine deutsche Übersetzung erschien erstmals im Jahr 2000.

> Mit einem Wort, wie jeder Verstand, so hat jede Möglichkeit des Verständnisses ihr geeignetes Objekt. Die Gegenstände der Wissenschaft sind Dinge innerhalb unserer geistigen Reichweite, von denen wir klare und deutliche Vorstellungen haben können, und nichts sollte hier ohne Klarheit und Beweis festgelegt werden. Fähig zu sein, die Lehre irgendeines Menschen zu wiederholen, ohne selbst eine deutliche Vorstellung davon zu gewinnen, bedeutet nicht zu wissen, sondern sich zu erinnern; und eine verwirrte vage Vorstellung zu haben, bedeutet zu mutmaßen, nicht zu verstehen.
> MARY ASTELL: *A SERIOUS PROPOSAL TO THE LADIES*

Juana Inés de la Cruz
(1651–1695)

Juana Inés de la Cruz wurde in einem kleinen Ort etwa 60 Kilometer von Mexiko City entfernt geboren. Sie war Kreolin, stammte von spanischen Einwanderern ab, war aber in Mexiko auf die Welt gekommen. Ihre Familie war adlig. Der Vater bewirtschaftete einen Gutshof. Juana konnte schon mit drei Jahren lesen. Mit sechs Jahren wollte sie an die Universität. Da dies unmöglich war, erarbeitete sie sich eine Unmenge Wissen völlig selbstständig. Im Jahr 1664 wurde sie Hofdame der mexikanischen Vizekönigin. Dort konnte sie sich weiterbilden und begann mit eigenen Schriften. Im Jahr 1667 ging Juana in ein Karmeliterinnenkloster, nicht weil sie besondere Lust auf das Klosterleben hatte, sondern weil sie sich Ruhe für die geistige Arbeit versprach. Ihr Ziel war es, Theologie, Logik, Rhetorik, Geometrie, Musik, Astronomie und andere Gebiete zu studieren. Die Regeln im Kloster waren aber so streng, dass sie es nach der Probezeit wieder verließ. Im Jahr 1669 versuchte sie es noch einmal und trat in den Orden der Schwestern des heiligen Hieronymus ein, der ihren Vorstellungen besser entsprach. Sie blieb dort bis zu ihrem Tod. Ihr liebstes Fach war die Philosophie. Juana de la Cruz las Pythagoras, Platon, Aristoteles, Augustinus und Descartes. Sie konnte die philosophischen Studien mit ihrer großen Gläubigkeit verbinden. Juana de la Cruz hat philosophische Gedichte und Stücke geschrieben.

De la Cruz verneinte in ihren Schriften die Trennung zwischen Vernunft und Gefühl. Das Denken in Hierarchien war ihr fremd, und so verwundert es nicht, dass sie Mann und Frau als gleichberechtigte Partner sehen wollte. Sie war auch der Meinung, dass sie durchaus das Recht zu wissenschaftlichen Studien habe, da sie die Wissenschaften auch ernsthaft studiere. Bildung gilt ihr als hohes Gut, das jedem Menschen zustehen sollte. Sie findet, gelehrte Frauen sollten die Mädchen unterrichten. Ein wichtiges Ziel ist es ebenso, die Bibel besser zu verstehen. Wissen ist für die Philosophin ein Weg, sich Gott zu nähern. Die höchste Wissenschaft ist für sie die Theologie. Gott hat sozusagen in der Welt des Wissens Spuren gelegt, die die Menschen verfolgen können. Besondere Menschen zeichnen sich dadurch aus, dass sie ihr Leben lang nach Weisheit streben. Für Juana de la Cruz sind alle Menschen Einzelwesen. Der Unterschied zwischen den Individuen besteht in der Art, wie sie zur Weisheit gelangen wollen. Das Wesen der Seele ist für sie ungeschlechtlich.

Juana de la Cruz' berühmtestes Werk ist das Gedicht »El Sueño«, »Der Traum«. Es ist Nacht, ein Mensch schläft und beginnt zu träumen. Seine Seele schwingt sich empor, der Körper bleibt zurück. Die Seele findet sich allein auf einem hohen Berg wieder. Aber sie versteht nicht, was sie sieht. Sie kann es nicht fassen, und da wacht der Körper auch schon wieder auf. Der Traum zeigt die Begrenztheit des Menschen. Er lebt in einem Körper, der ihm gewisse Schranken auferlegt. Aber er hat die Möglichkeit, in der Erkenntnis immer weiterzukommen, und dies ist der Sinn des Lebens. Er hat die Aufgabe, die Welt, in der er lebt, kennenzulernen und zu erforschen, denn nur dadurch kann er dem Wesen Gottes auf die Spur kommen.

> Selbst im Traum lässt die unaufhörliche Bewegung meiner Vorstellungskraft nicht nach, im Gegenteil, im Traum bewegt sie sich noch freier und ungestörter. Sie bringt die Gedanken vom Tage mit größerer Freiheit und Ungezwungenheit in Zusammenhang; sie argumentiert, sie macht Verse, von denen ich Euch eine lange Liste aufzählen könnte, und schlafend fand ich manches Mal bessere Begründungen und scharfsinnigere Überlegungen als wachend.
>
> JUANA DE LA CRUZ: *ANTWORT AN SCHWESTER PHILOTEA*

Die Lust am Erkennen:
Das Zeitalter der Aufklärung

Die Philosophinnen des 17. Jahrhunderts waren Wegbereiterinnen der philosophischen Systeme des 18. Jahrhunderts. Sie waren überzeugt von der Bedeutung der Vernunft, sie glaubten an die Durchdringung der Welt durch die Vernunft, aber sie zeigten auch deutlich die Grenzen des rationalen Erkennens auf. Besonders hervorstechend ist, dass all diese Denkerinnen sich nicht zu einem mechanistischen Weltbild durchringen konnten. Weit eher dachten sie sich die Natur belebt, nicht von außen bis ins Letzte steuerbar. Der Mensch ist ein Teil des Universums, nicht der Herrscher über alles andere Lebendige.

Vor allem die spätmittelalterliche Philosophin Christine de Pizan hatte darauf hingewiesen, dass es nur einen Weg gebe zu einer gerechten Gestaltung der Welt, nämlich sich seines eigenen Denkens selbstständig zu bedienen und sich nicht auf die Meinung der anderen zu verlassen. Der Alltag der meisten Frauen im 18. Jahrhundert sah aber ganz anders aus. Ihr Lebensraum war mehr und mehr auf den häuslichen Bereich eingeschränkt worden. Es wurde als ihre Pflicht angesehen, ihrem Mann den Rücken freizuhalten, ihn zu unterstützen und dafür zu sorgen, dass zu Hause Harmonie und Ordnung herrschten. Mädchen waren von der Bildung weitgehend ausgeschlossen. Erziehungsanstalten für sogenannte »höhere Töchter« gab es erst ab dem Ende des 18. Jahrhunderts.

Es wurde strikt getrennt zwischen der Öffentlichkeit als dem Raum des Mannes und dem privaten Bereich, in dem die Frau zu Hause war. Frauen wurden als große Kinder angesehen, die Führung brauchen. Man sprach von einer männlichen und einer weiblichen »Natur«. Ein wichtiger Vertreter dieser Theorie war der französische Erzieher Jean-Jacques Rousseau (1712–1778). Er war der Meinung, die Frau sei gefühlsbetont und eher passiv, der Mann habe Verstand und sei aktiv. Die Frau habe die Aufgabe, sich dem Mann zu unterwerfen und ihm zu gefallen. Das Glück der Frau liege in der Liebe und nirgends sonst, so Rousseaus Ansicht. Er plädierte für eine freie Entwicklung des Menschen, für eine Erziehung zur Weltoffenheit und Güte, bezog sich dabei aber nur auf den Mann.

Im Jahr 1783 formulierte der Königsberger Philosoph Immanuel Kant die Sätze, die grundlegend wurden für die Philosophie der Aufklärung: »Aufklärung ist der Ausgang des Menschen aus seiner selbstverschuldeten Unmündigkeit. Unmündigkeit ist das Unvermögen, sich seines Verstandes ohne Leitung eines anderen zu bedienen. Selbstverschuldet ist diese Unmündigkeit, wenn die Ursache derselben nicht am Mangel des Verstandes, sondern der Entschließung und des Mutes liegt, sich seiner ohne Leitung eines anderen zu bedienen. Habe Mut, dich deines eigenen Verstandes zu bedienen! Ist also der Wahlspruch der Aufklärung.«

Der Verstand sollte in der alltäglichen Wirklichkeit angewandt werden. Vorurteile hatten ebenso wenig zu suchen in diesem Weltbild, wie religiöser Eifer oder Fanatismus. Sich Bildung anzueignen und den Verstand zu schulen war für Frauen aber noch immer sehr schwer. Eine Möglichkeit boten die seit Mitte des Jahrhunderts erscheinenden »Moralischen Wochenschriften«. Sie waren leichter zu bekommen als Bücher und zudem billiger. All das aber konnte nicht darüber hinwegtäuschen, dass es den Frauen weiterhin verwehrt war, sich eine gründliche Bildung anzueignen. Nur so viel war erlaubt, als nötig war, damit der Mann sich mit seiner Gemahlin bei Empfängen und Festen schmücken konnte. Das »gebildete Frauenzimmer« wurde als unziemlich angesehen. Aber verhindert werden konnte dadurch nicht, dass besonders begabte und mutige Frauen ihrem Verstand folgten und ohne die Erlaubnis der Männer genauso lebten und dachten, wie Kant es forderte.

Emilie Marquise du Châtelet

(1706–1749)

Schon als Kind zeigte sich bei Emilie du Chatelet eine breit gefächerte Begabung. Ihr Vater förderte ihre Anlagen, sie bekam Unterricht in Latein, Englisch, Spanisch und Italienisch, Physik, Geschichte und Philosophie. Vor allem mit religiösen Fragen wurde in dieser Familie sehr frei umgegangen. Mit 16 Jahren wurde Emilie mit einem viel älteren Mann verheiratet, dem Marquis du Châtelet. Sie gebar in kurzer Folge drei Kinder. Damit hatte sie ihre Pflicht erfüllt und konnte sich ihren Interessen widmen, die vielfältig waren. Die Marquise liebte neben den ernsthaften Studien das vergnügliche Leben, glänzende Soupers und nicht zuletzt auch die Liebe. Sie war 14 Jahre lang mit Voltaire (1694–1778), dem berühmtesten französischen Aufklärer, liiert. In seinen Schriften ging er vor allem gegen ein autoritäres Denken in Politik und Kirche an. Emilie du Châtelet und Voltaire wohnten zusammen auf dem Landgut des Marquis du Châtelet, der nichts gegen den Lebenswandel seiner Frau einzuwenden hatte. Die Marquise lernte lebenslang und vervollkommnete vor allem auch ihr Wissen in Mathematik und Physik. Sie hatte eine Vorliebe für logische Probleme. Mit 42 Jahren bekam sie noch ein Kind und starb am Kindbettfieber.

Ihre wichtigste Schrift ist der »Discours de la bonheur«, die »Untersuchung über das Glück«.

Darin versucht sie sich an einer verstandesmäßigen Begründung des Glücks. Das hört sich befremdlich an, denn wie sollen Gefühle rational begründet werden können?

Was die Marquise selbst erlebte, galt ihr als wichtigste Antriebskraft im Menschen: die Leidenschaften und der Wunsch nach einem glücklichen Leben. Das lässt sich aber nur verwirklichen, wenn man den Verstand mit ins Spiel bringt. Leidenschaften bringen normalerweise Unbeständigkeit ins Leben. Wer sich ihnen einfach hingibt, macht es sich unnötig schwer und endet im Chaos. Das Glück muss kalkulierbar sein. Der Mensch darf nicht unwissend und dumm den Gefühlen folgen, sondern sollte sein Leben planen.

Die Philosophin beschränkt also das klare Denken nicht nur auf die Bereiche, die von vornherein logisch zu erfassen sind. Sie weitet rationales Denken aus auf das Feld der Emotionen und Leidenschaften. Damit fordert sie die Mündigkeit des Einzelnen heraus. Von anderen verlangte sie, als eigenständiger Mensch wahrgenommen zu werden und nicht als Anhängsel von irgendwem. »Ich bin eine eigene vollwertige Person, verantwortlich für alles, was ich bin, was ich sage und was ich tue.«

Für Emilie du Châtelet gibt es einige »Kunstgriffe«, die unerlässlich sind, will man sein Leben als glücklicher Mensch verbringen:

Das Erste von allem ist die feste Entschlossenheit zu dem, was man sein will und was man tun will, und gerade sie fehlt fast allen Menschen. Dennoch ist sie die Voraussetzung, ohne die es kein Glück gibt. Ohne sie schwimmt man fortwährend in einem Meer von Ungewissheiten, man zerstört am Morgen, was man abends gemacht hat, verbringt sein Leben damit, Dummheiten zu begehen, sie wieder gutzumachen, sie zu bereuen. Dieses Gefühl der Reue ist eines der schmerzhaftesten und der unangenehmsten, die unsere Seele verspüren kann, und eines der größten Geheimnisse ist es, sich davor zu schützen zu wissen ... Man muss von dort ausgehen, wo man steht, allen Scharfsinn seines Geistes benutzen, um wieder gutzumachen oder Mittel zur Wiedergutmachung zu finden. Aber man darf niemals rückwärts schauen und muss immer die Erinnerung an Verfehlungen aus seinem Geist entfernen, wenn man nach einer ersten Betrachtung die zu erwartende Lehre gezogen hat.

EMILIE MARQUISE DU CHÂTELET:
UNTERSUCHUNG ÜBER DAS GLÜCK

Olympe de Gouges

(1748–1793)

In der zweiten Hälfte des 18. Jahrhunderts, der Zeit Immanuel Kants, begegnet uns eine Denkerin, die als Erste eine Frauenrechtserklärung geschrieben hat, und das im Jahr 1791, nachdem die französische Nationalversammlung in Paris die neue Verfassung in Kraft gesetzt hatte auf der Grundlage der »Erklärung der Menschen- und Bürgerrechte« vom 26. August 1789 – Frauen waren in dieser Erklärung grundsätzlich von diesen Rechten ausgeschlossen.

Sie schreibt in ihrem Artikel 1: »Die Frau wird frei geboren und bleibt dem Manne ebenbürtig in allen Rechten. Unterschiede im Bereich der Gesellschaft können nur im Gemeinwohl begründet sein.«

Selbst Kant, der den Grundgedanken der Aufklärung formulierte, hat in einer Vorlesung von 1790/91 bezüglich der Frauen Folgendes gesagt: »Die Weiber sind immer große Kinder, d. h., sie haben keinen festen Zweck, sondern fallen bald auf dieses, bald auf jenes, und ziehen wichtige Zwecke gar nicht in Betracht, welches Letztere allein das Geschäft des Mannes ist.« Dies schrieb ein Mann, der zeitlebens unverheiratet blieb und von dem auch keine Liebesgeschichten überliefert sind.

Geboren als Marie Gouze war Olympe de Gouges das uneheliche Kind eines wohlhabenden Schriftstellers, der sich aber nicht um sie kümmern konnte, weil die Mutter es ihm verwehrte. Sie kam in der französischen Provinz, in Montauban, zur Welt und konnte aufgrund der ärmlichen häuslichen Situation keine fundierte Bildung erhalten. Sie wurde mit 16 Jahren mit dem Gasthausbesitzer Louis-Yves Aubry verheiratet, eine gute Partie. Glücklich hat sie das allerdings nicht gemacht. Sie bekam ein Kind, und im Jahr 1766 verschwand ihr Mann aus ungeklärten Gründen spurlos. Marie Gouze verlobte sich mit einem anderen Mann und folgte diesem 1770 nach Paris. Erst jetzt nannte sie sich Olympe de Gouges. Immer wieder verliebte sie sich, heiratete aber nicht mehr. In Paris bewegte sie sich vor allem in den Salons und pflegte ausgiebige intellektuelle Kontakte, vor allem zu Journalisten, Philosophen und Leuten vom Theater.

Die Philosophin erlebte die Französische Revolution aus nächster Nähe. Ab Mai 1789 wohnte sie in Versailles. In den Revolutionsjahren hat sie Schriften zu allen möglichen Themen verfasst, darunter auch über die Kirche, über den Zölibat und die Ehe. Sie setzte sich ein für eine direkte Volksabstimmung, in der die Leute selbst über eine Regierungsform entscheiden durften. Im Jahr 1793 wurde Olympe de Gouges verhaftet und vor das Revolutionstribunal gebracht. Am 3. November richtete man sie auf der Guillotine hin.

Zunächst verfasste Olympe de Gouges hauptsächlich Romane und Dramen, die sich mit sozialkritischen Themen befassten. Im Jahr 1788 erschien ihr erstes literarisches Werk. Danach wandte sie sich theoretischen Aufgaben zu. Sie erkannte, dass die Französische Revolution für die Frauen nicht das brachte, was diese sich erhofft hatten. Auch der Grundgedanke der Aufklärung bezog offensichtlich die Frauen nicht mit ein. Olympe de Gouges' Interessen gingen aber darüber hinaus. Die gesamte soziale Frage stand für sie im Mittelpunkt ihres Denkens. Sie setzte sich ein für die Abschaffung der Sklaverei, für eine staatliche Fürsorge, sie forderte die Luxussteuer, Armen- und Waisenhäuser.

Eine Spottschrift gegen Robespierre brachte der Philosophin dessen Zorn ein. In ihrer »Erklärung der Rechte der Frau und der Bürgerin« bezieht sie immer den Staat mit ein. Es geht ihr nicht darum, zu zeigen, dass die Natur der Frau der des Mannes gleicht, sondern es geht ihr um eine Gleichberechtigung im politischen und gesellschaftlichen Leben. Frauen müssen vor dem Gesetz die gleichen Rechte und Pflichten haben wie die Männer. Die praktische Philosophie ist ihr Terrain. Darauf legt sie den

Schwerpunkt, und das in einer Zeit, in der die Untersuchung des Verstandes immer wichtiger wird. Nachdem Descartes dem Bewusstsein eine solch große Rolle zugewiesen hatte, haben die nachfolgenden Philosophen ihr Hauptaugenmerk darauf gelegt, zu untersuchen, wie dieses so wichtige Bewusstsein funktioniert. Kant bildete den denkerischen Höhepunkt in dieser Richtung. Seine Frage lautete: Wie kommt das Bewusstsein zu den Dingen und umgekehrt, oder welche Bedingungen müssen erfüllt sein, damit ich erkenne, was mich umgibt? So kam für ihn an erster Stelle die Erkenntnistheorie und dann erst die Praxis. Olympe de Gouges hingegen hat sich fast ausschließlich der praktischen Philosophie oder Ethik zugewandt. So geht ihr Freiheitsgedanke von der Beobachtung gesellschaftlicher Verhältnisse aus. Der Mensch ist dann frei, wenn die Gesellschaft es zulässt, dass Individuen sich frei entwickeln und entfalten können. Diese Freiheit beinhaltet Verantwortung gegenüber dem Ganzen. Meine Freiheit ist immer die Freiheit des oder der anderen. Olympe de Gouges hat den Gedanken an Gott außer Acht gelassen. Mit theologischen Fragen hat sie sich nicht befasst.

Frau, erwache! Die Sturmglocke der Vernunft erschallt im ganzen Weltall; erkenne deine Rechte! Das mächtige Reich der Natur ist nicht mehr umringt von Vorurteilen, Fanatismus, Aberglauben und Lügen. Die Fackel der Wahrheit hat alle Wolken der Dummheit und Anmaßung zerstreut ... Eine göttliche Hand scheint allenthalben das Erbteil des Menschen, die Freiheit auszustreuen. Das Gesetz allein hat das Recht, dieser Freiheit Schranken zu setzen, wenn sie in Willkür ausartet, aber sie muss gleich sein für alle.

OLYMPE DE GOUGES: *NACHWORT ZU*
»ERKLÄRUNG DER RECHTE DER FRAU UND DER BÜRGERIN«

Mary Wollstonecraft

(1759–1797)

Als Tochter eines Londoner Seidenwebers und eines von sieben Kindern musste Mary Wollstonecraft sich das, was sie wissen wollte, selbst aneignen. Ihr Großvater war ein geschickter Mann. Er kaufte Grundstücke, ließ Wohnungen darauf bauen und vermietete sie. Was Mary Wollstonecraft zukommen sollte, ging allerdings durch Fehlspekulationen ihres Vaters verloren.

Nachdem die junge Frau das Haus verlassen hatte, arbeitete sie zunächst als Gesellschafterin bei einer älteren reichen Frau. Das war eine der ganz wenigen Möglichkeiten für eine unverheiratete Frau aus dem Bürgertum, Geld zu verdienen. Danach lebte sie bei einer Freundin, deren Kinder sie versorgte. Zusammen mit ihrer Schwester eröffnete sie eine Schule, die allerdings während der kurzen Zeit ihrer Existenz immer mit finanziellen Schwierigkeiten zu kämpfen hatte. Mary Wollstonecraft hatte das Glück, immer wieder Menschen zu begegnen, die ihr Freundschaft entgegenbrachten und sie in ihrem Willen, sich zu bilden und selbstständig zu denken, unterstützten. Im Jahr 1786 nahm sie wieder eine Stelle als Erzieherin an und ging nach Irland. In Dublin hatte sie Gelegenheit, Theater und Museen zu besuchen. Wollstonecraft ging 1787 nach London zurück. Dort hatte ihr ihr Verleger Joseph Johnson eine Wohnung und Arbeit verschafft. Im Jahr 1797 starb sie am Kindbettfieber nach der Geburt des zweiten Kindes.

Im Jahr 1786 kam das erste Buch von Mary Wollstonecraft heraus: »Thoughts on the Education of Daughters« (»Gedanken über die Erziehung von Töchtern«). Die Autorin setzt sich darin vehement dafür ein, dass den jungen Mädchen die Möglichkeit gegeben werde, ihren Verstand zu schulen.

Durch den Verleger Johnson lernte Wollstonecraft viele Intellektuelle kennen, mit denen sie Fragen der Philosophie, Politik und Pädagogik diskutieren konnte. Die Frucht solcher Gespräche und Gedanken war ihr erstes philosophisches Werk, das 1790 erschien: »Vindications of the Rights of Men« (»Rechtfertigung der Menschenrechte«).

Die Denkerin setzt sich darin leidenschaftlich für die Ideen der Französischen Revolution ein und wendet sich gegen eine Schrift des englischen Philosophen Edmund Burke, der eine sehr kritische Haltung der Revolution gegenüber einnahm.

Im Jahr 1791 schrieb Mary Wollstonecraft dann ihr Hauptwerk: »A Vindication of the Rights of Women« (»Eine Rechtfertigung der Rechte von Frauen«). In aufklärerischer Manier untersucht die Denkerin die Frage, worin sich der Mensch vom Tier unterscheide. Durch die Vernunft, lautet die Antwort.

Aber, so meint Wollstonecraft, nicht alle Menschen gehen in gleicher Weise mit dieser kostbaren Gabe um. Eine andere, noch entscheidendere Qualität sollte hinzukommen: die Tugend. Die Philosophin ist der festen Überzeugung, dass alle Menschen die Möglichkeit haben, die Vernunft zu gebrauchen. Dazu ist sie ihnen von Gott gegeben worden. Gott selbst hat den Wunsch, dass es allen Menschen ermöglicht wird, vernünftig zu leben. Ihnen die Mittel dazu vorzuenthalten hieße, gegen den Willen Gottes zu handeln. Mary Wollstonecraft war eine tiefreligiöse Person.

Die Stärke der Vernunft lebt in beiden Geschlechtern. Die Frauen sind den Männern nur in der körperlichen Kraft unterlegen. Wollstonecraft hatte ausreichend Gelegenheit, Menschen zu beobachten und sich eine große Menschenkenntnis anzueignen. Ihr war klar geworden, dass immer wieder versucht wurde, die Frauen durch fehlende Förderung ihrer Verstandestätigkeit klein und unmündig zu halten. Die Männer müssen lernen, ihren Frauen Freiräume für Bildung zu lassen, und die Frauen müssen sich gegen alle Maßnahmen wehren, die ihnen Bildung vorenthalten. Tugendhaftigkeit darf nicht mit Unterwürfigkeit verwechselt werden.

Wollstonecraft kritisiert die weit verbreitete Ansicht, dass Frauen und Männer von Natur aus unterschiedlich seien. Für diese Überzeugung hat sie sich bis zu ihrem Tod mit aller Kraft eingesetzt. Ihre Hoffnung war es, dass man eines Tages einsehen würde, dass auch Frauen vernünftige Wesen sind, die Möglichkeiten brauchen, um ihre Anlagen kultivieren zu können.

> Lasst die Frauen teilnehmen an den Rechten, und sie werden mit den Männern an Tugend wetteifern. Wenn die Frau mündig ist, wird sie auch vollkommener werden, andernfalls wird sie das, was ein unterdrücktes, schwaches Geschöpf, das man an Pflichten kettet, nur werden kann.
>
> MARY WOLLSTONECRAFT:
> *EINE RECHTFERTIGUNG DER RECHTE DER FRAUEN*

Johanna Charlotte Unzer

(1725–1782)

Johanna Charlotte Unzer hatte sich zum Ziel gesetzt, ein breites weibliches Publikum für die Philosophie zu gewinnen. Unzer hatte das Glück, in eine angesehene und gebildete Familie geboren zu werden. Ihr Vater, Johann Gotthilf Ziegler, war Musiker in Halle an der Saale. Mit Literatur und Philosophie hatte er allerdings nicht so viel zu tun, und seine Tochter brachte sich diese Fächer autodidaktisch bei. Sie hatte vor allem in ihrem Ehemann, dem Mediziner Johann August Unzer, eine große Hilfe. In den späteren Jahren hatte Unzer mit allerhand Widrigkeiten zu kämpfen. Krankheiten und der Tod zweier Kinder machten ihr so zu schaffen, dass sie aufgrund familiärer Probleme zeitweise nicht in der Lage war, ernsthaft zu arbeiten. Sie starb im Alter von 57 Jahren in Altona.

Unzer hat sich zunächst in der Hauptsache dichterisch betätigt, wofür ihr 1753 der Dichterkranz der Universität Helmstedt verliehen wurde. Ihre erste philosophische Veröffentlichung war die 1751 erschienene Schrift »Grundriss einer Weltweisheit für das Frauenzimmer«. Im gleichen Jahr kamen Gedichte heraus mit dem Titel »Versuch in scherzhaften Gedichten«.

Unzer ist immer zweigleisig gefahren. Auf der einen Seite stand philosophische Strenge, auf der anderen die Freude an poetischen Versuchen. Längst nicht so selbstbewusst wie Wollstonecraft trat sie als Philosophin mit einem hohen wissenschaftlichen Interesse sehr zurückhaltend in der Öffentlichkeit auf. Eher hat sie sich versteckt und wollte keineswegs auffallen. Wie ihre englische Kollegin war Unzer aber auch der Meinung, Frauen und Männer seien mit den gleichen geistigen Möglichkeiten ausgestattet. Dabei hatte diese Denkerin ein sehr großes pädagogisches Geschick. In ihrem »Grundriss einer Weltweisheit für das Frauenzimmer« erklärt sie ihren Leserinnen die Grundbegriffe der Philosophie unter Verwendung von griffigen Beispielen und Wiederholungen zur besseren Einprägung. Anstatt philosophischer Fachtermini verwendet sie Wörter, die allgemein bekannt sind. So ersetzt sie zum Beispiel »Psychologie« durch »Seelenwissenschaft« und »Ontologie« durch »Grundwissenschaft«. Diese Begriffe wären heute ebenfalls noch zu verstehen, auch wenn das Wort Seele recht ungebräuchlich geworden ist. Ontologie heißt wörtlich übersetzt Lehre vom Sein. Man kann durchaus sagen, Ontologie sei ein anderes Wort für Philosophie, da sich ja die Philosophie mit dem beschäftigt, was der Wirklichkeit ihren Grund gibt, was macht, dass sie »ist«, also ein Sein hat.

Unzer baut auch Geschichten, Gedichte und Vorkommnisse aus der Alltagswirklichkeit ein. Grundfragen aus der Philosophiegeschichte wie die nach Raum und Zeit, nach Zufall und Notwendigkeit, Leib und Seele und nach der Existenz Gottes werden behandelt. Dies waren und sind nach Unzers Meinung die ersten Fragen der Philosophie. Womit sie recht hat, haben sich doch Philosophinnen und Philosophen zu allen Zeiten damit befasst.

So liegt Unzers Bedeutung weniger in der Erforschung neuer philosophischer Bereiche. Auch hat sie keine brandneuen Gedanken formuliert. Vielmehr ist es ihr Verdienst gewesen, den Anspruch einer Bildung für alle Menschen wirklich ernst zu nehmen.

Selbst dem Philosophieren über Funktionen und Rolle der Sprache hat sie sich zugewandt und dem richtigen Gebrauch der Wörter. Wie kommt etwas beim Gegenüber so an, wie ich es gemeint habe? Manchmal hat ein Wort ja nicht nur eine Bedeutung, sondern mindestens zwei: »Ich brauche nur das Wort Mensch zum Exempel anführen, welches bald ein vernünftiges Tier, bald aber auch eine liederliche Weibsperson bedeutet.« Die Menschen müssen zuerst sorgsam prüfen, was genau sie ausdrücken wollen, um auch wirklich das richtige Wort zu wählen. Die

Beispiele, die Unzer wählt, kommen alle aus der direkten Alltagserfahrung. Sie weiß, wie schwer es manchmal ist, sich verständlich zu machen, und wie viele Missverständnisse entstehen, bloß weil die Gesprächspartner unterschiedliche Bedeutungen mit dem Gesagten verbinden.

Die praktischen Erfahrungen und das hohe Maß an Menschenkenntnis haben Johanna Unzer in ihrem Philosophieren geleitet. Damit hat sie Menschen angesprochen, die sich sonst eher abschrecken ließen von der abstrakten Begrifflichkeit und den komplexen Zusammenhängen innerhalb eines philosophischen Systems. Ihr Denken hatte immer auch einen pädagogischen Zweck. Damit hat sie an die Antike und an die Anfänge des Philosophierens angeknüpft, wo Philosophie auch immer ein erzieherisches Ziel hatte. Johanna Unzer hat sich und ihre Leserinnen und Leser daran erinnert.

> Man kann leicht urtheilen, dass ein Philosoph viel wissen muss, da er alle Dinge zu Gegenständen hat, und ihre Beschaffenheiten untersuchet. Er fängt von Gott an, und höret auf bei den Gliedmaßen der allerkleinsten Insecten. Indessen darf sich doch niemand einbilden, dass die Philosophen allwissend wären; denn es ist eine andere Sache, sich zu bemühen den Grund von allem zu wissen und würklich von allem eine hinlängliche Erkenntnis zu besitzen. Ein Philosoph setzt sich keinen geringeren Endzweck, als Gott ähnlich zu werden, der allein alles weiß. Kann er nun gleich denselben nicht erreichen, so kommt er ihm doch immer näher, und diese ewige Näherung macht ihn endlich zu einem Gotte der niederen Art.
>
> JOHANNA CHARLOTTE UNZER:
> *GRUNDRISS EINER WELTWEISHEIT FÜR DAS FRAUENZIMMER*

Harriet Hardy Taylor-Mill

(1807–1858)

Im Jahr 1807 als Harriet Hardy in London geboren, hatte Taylor-Mill die gleichen Probleme wie viele ihrer zeitgenössischen Kolleginnen: Man legte auf ihre Bildung keinen besonderen Wert. Das Elternhaus war sehr konservativ, man verheiratete die junge Frau bereits als 18-Jährige mit dem um 10 Jahre älteren Kaufmann John Taylor, materiell eine gute Partie. Drei Kinder brachte Harriet Taylor zur Welt. Daneben aber bildete sie sich weiter, schrieb kleine Essays und Gedichte.

Ein großes Glück war es für sie, als sie 1830 den Philosophen John Stuart Mill kennenlernte. Mill war bei seinem Vater in eine harte Lehre gegangen, was die Aneignung von Wissen betrifft. Bereits mit drei Jahren war das Bürschchen der lateinischen und der griechischen Sprache mächtig. Obwohl sehr zurückhaltend, scheint den im Alter von 24 Jahren noch bei seinen Eltern lebenden Mann die offene, kritische Art von Harriet Taylor angezogen zu haben. Diese Liebe sollte bis zu ihrem Tod halten. Mit Harriet Taylors Mann gab es keine Probleme; man arrangierte sich, und als Taylor 1849 starb, hinterließ er seiner Frau den gesamten, nicht unbeträchtlichen Besitz. Im Jahr 1851 schließlich heirateten Harriet Taylor und John Stuart Mill. Interessant ist, dass Mill einen Ehevertrag unterzeichnete, in dem er auf das Recht verzichtete, Macht über seine Frau auszuüben. Dieses Recht des Mannes war nämlich nicht nur üblich, sondern von Gesetzes wegen sogar gefordert. Nach einem arbeitsreichen Leben wollten die beiden sich noch ein paar Jahre im warmen Süden niederlassen. Auf der Reise dorthin starb Harriet Taylor-Mill aber überraschend in Avignon.

Alles, was Harriet Taylor-Mill geschrieben hat, ist entweder mit Mill zusammen entstanden oder aber nach ihrem Tod von ihm überarbeitet und herausgegeben worden. Mill jedoch war sich der großen Begabung und denkerischen Eigenständigkeit seiner Freundin und späteren Frau bewusst und hat sie darin stets bestärkt. Mill war Anhänger der von Jeremy Bentham (1748–1832) begründeten Philosophie des Utilitarismus. Das »größtmögliche Glück für die größtmögliche Zahl von Menschen« ist der Grundgedanke Benthams gewesen. Er wandte sich gegen die Vernunft als Maß für das, was gut oder schlecht ist. Die Vernunft bringe nur endlose Streitigkeiten mit sich, so lautet seine Ansicht. Glück aber sei Lust, und was Lust sei, wisse jeder. Daher komme man über das Glücksgefühl am besten zu den Kriterien für ein gutes Leben. Mill ging einen Schritt weiter und dachte über die Qualitäten, die ein solches Glück haben sollte, nach. Glück um des Glückes willen war für ihn kein Wert. Hier stimmte er mit Harriet Taylor überein. Gleichheit im gesellschaftlichen und im politischen Leben gehört dazu, so die Meinung beider. Die englische Verfassung müsse das aufnehmen, denn sie benachteilige die Frauen immer noch stark. Die Aufklärung habe zwar einiges bessern können, fundamentale Rechte für Frauen jedoch noch immer nicht durchgesetzt, darunter das Stimmrecht. Frauen müssten unabhängig sein können, vor allem vom Ehemann. Kinderarbeit sei einzustellen. Die freie, individuelle Entscheidungskraft stehe im Vordergrund.

Mill und Taylor haben unter anderem über Ehe und Scheidung geschrieben, Taylor hat eine Arbeit über Frauenemanzipation verfasst. Nach ihrem Tod wurde von Mill und Tochter Helen gemeinsam die Abhandlung »Die Hörigkeit der Frau« herausgebracht. Die Arbeit an dieser Schrift dauerte mehr als 30 Jahre. Der Text richtet sich gegen Frauenunterdrückung, betont aber auch den natürlichen Unterschied zwischen den Geschlechtern, was selbstverständlich keinerlei Rechtfertigung für eine gesellschaftliche und politische Ungleichbehandlung ist. Zu kämpfen habe man vor allem gegen Vorurteile, die sich im Gefühlsleben festgesetzt hätten. Dagegen mit Argumenten vorzugehen sei schwierig, weil

Gefühle gemeinhin als beweiskräftiger angesehen würden als argumentatives Denken.

In der englischen und amerikanischen Philosophie steht schon immer die Praxis im Vordergrund. Harriet Taylor-Mill steht ebenfalls in dieser Tradition. Es geht ihr in ihrer Philosophie nicht darum, zu etwas vorzustoßen, was über den Menschen hinausgeht. Mitten in die Alltäglichkeit hinein begibt sie sich, um zu schauen, wo Ungerechtigkeiten herrschen, und dann über Lösungsmöglichkeiten nachzudenken. Die größte Ungleichheit ihrer eigenen Zeit sah sie in der noch längst nicht durchgesetzten Frauenemanzipation. Ihr Grundgedanke lautet: Was von Natur aus gleich ist, darf sozial nicht ungleich gestellt sein. Über allem hat das Recht des Individuums auf Selbstbestimmung zu stehen.

> Wenn wir jedoch fragen, warum das Dasein der einen Hälfte der Menschheit nur ein Mittel für die Zwecke der anderen sein soll und jede Frau ein bloßes Anhängsel eines Mannes, dem seine eigenen Interessen erlaubt sind, damit sich in ihrem Geist kein Widerstreit gegen seine Interessen und sein Belieben rege, so ist die einzige Auskunft, die wir erhalten können, die, dass die Männer es so haben wollen. Es ist ihnen angenehm, dass sie um ihrer selbst willen, die Frauen um der Männer willen leben, und die Herrscher wissen es dahin zu bringen, dass die Eigenschaften und das Betragen, das ihnen an ihren Untertanen wohlgefällt, diesen selbst lange Zeit hindurch als ihre spezielle Untertanen-Tugend gelte.
>
> HARRIET TAYLOR-MILL: *ÜBER FRAUENEMANZIPATION*

Philosophie ist die Schönheit des Denkens: Die Romantik

Trotz Aufklärung hielt sich die Meinung, Männer und Frauen seien grundsätzlich und von Natur aus unterschiedlich. Die Frau sei eher ein fühlendes Wesen mit wenig Begabung zum Denken. Kant war sogar der Meinung, man solle Frauen keinen Unterricht in Fächern erteilen, die auf ein genaues Denken zielen. Die Philosophinnen bekümmern solch merkwürdige Fehlurteile jedoch nicht. Sie schlagen einen anderen, neuen Weg ein und fragen sich, ob es nicht spannend sein könnte, sich gerade demjenigen intensiv zuzuwenden, was als »typisch weiblich« angesehen wird? Sich also denkerisch auseinanderzusetzen mit den Möglichkeiten von Traum, Fantasie, Religion und Natur, den sogenannten »dunklen Seiten« des Menschen. Die Philosophinnen der Romantik, wie diese neue Epoche heißt, strebten danach, das Denken aus dem engen Gehäuse, in das die Aufklärung es gesperrt hatte, herauszuholen, ihm einen weiteren Horizont zu bieten. Denken und Fühlen, Rationalität und Fantasie sollten Verbindungen eingehen, statt einander zu bekämpfen. Scheinbare Gegensätze könnten so in ein produktives Gespräch eintreten. Ein neues, experimentierfreudiges Denken aber braucht eine neue Sprache. Diese neue Sprache sollte offen sein für den Bilderreichtum der Literatur. Der Sinn auch für das Unheimliche schärft sich, und es hat seinen Platz in den philosophischen Erörterungen, die den Charakter der Unabgeschlossenheit annehmen. Ein mutiger Ansatz, denn im Reich der Fantasie kann man sich durchaus auch verlaufen. Es ist darauf zu achten, dass die Klarheit des Denkens niemals aufgegeben wird zugunsten eines Wildwuchses fantastischer Ideen. Weit eher geht es um gegenseitige Bereicherung. Die Methode der romantischen Philosophinnen besteht vor allem darin, die eigene philosophische Spur genau zu verfolgen, nicht vom Weg abzugehen, den das Denken vorgibt, einen Weg allerdings, dessen Ränder reich bestückt sind mit bunten, wilden Blumen, die zu betrachten sich lohnt.

Bettine von Arnim

(1785–1859)

In der Romantik spielt der Austausch der Gedanken eine große Rolle. Das Zauberwort heißt »Symphilosophie«, die »Zusammenphilosophie«. Man spricht von einem regelrechten Freundschaftskult. Besonders begabt darin war Bettine von Arnim. Ihr Freundeskreis war immens, und es gab ausreichend Gesprächsstoff. Man unterhielt sich über Literatur, Philosophie, Geschichte und kämpfte gemeinsam gegen die Unterdrückung durch gesellschaftliche Zwänge und religiöse Normen.

Bettine von Arnim wurde in Frankfurt in eine wohlhabende katholische Kaufmannsfamilie geboren. Als sie acht Jahre alt war, starb die Mutter, sechs Jahre später der Vater. Nach dem Tod des Vaters 1797 kam sie zu ihrer Großmutter, der Schriftstellerin Sophie von La Roche. Sie war berühmt geworden durch ihren Roman »Die Geschichte des Fräuleins von Sternheim«, der von den Irrungen und Wirrungen einer Frau erzählt, der übel mitgespielt wird, die aber schließlich doch glücklich in den Hafen der Ehe einschifft. Die Großmutter hatte eine umfangreiche Bibliothek, die ihre Enkelin benutzen konnte. Auch lernte sie hier eine Art der Geselligkeit kennen, die niemals Langeweile aufkommen ließ. Im Jahr 1811 heiratete Bettine den Dichter Achim von Arnim und brachte in den folgenden 16 Jahren sieben Kinder zur Welt. Im Jahr 1805 lernte sie Karoline von Günderrode kennen, mit der sie bis zu deren Selbstmord ein Jahr später eine wechselvolle Freundschaft verband. In der Öffentlichkeit präsent war Bettine von Arnim etwa von 1831 an. Als in Berlin eine Choleraepidemie ausbrach und sie bei der Versorgung der Bevölkerung mit Medikamenten und warmen Decken half, wurde ihr zum ersten Mal so richtig klar, wie viel Armut es gab. Die beginnende Industrialisierung brachte große Veränderungen mit sich. Es setzte eine Landflucht ein, und in den Städten gab es zu viele Arbeitskräfte. Außerdem beharrte der Adel auf seinen angestammten Rechten. Bettine von Arnim setzte sich für ein »Armenministerium« ein und schrieb an den preußischen König Friedrich Wilhelm IV. viele Briefe. Von ihm erhoffte sie sich Hilfe für die Armen und Einsatz für mehr Gerechtigkeit. Erfolg hatte sie damit nicht. Der König sah sich als Herrscher von Gottes Gnaden, auch wenn er sich bemühte, Volksnähe zu zeigen.

Erschüttert zeigte sich Bettine von Arnim von der Niederschlagung des Weberaufstandes in Schlesien 1844. Als der mechanische Webstuhl eingeführt wurde, verschlechterten sich die Arbeitsbedingungen der Weber dramatisch. Sie sammelten sich zum ersten Arbeiteraufstand in Deutschland. Das Militär wurde eingesetzt, und der Aufstand endete blutig. Bettine von Arnim versuchte noch einmal, beim König zu intervenieren – ohne Erfolg. Sie sah sich plötzlich in der Reihe der Staatsfeinde, eine Rolle, die sie sich selbst niemals zugeteilt hätte. Im März 1848 brach in Berlin die Revolution aus. Sie wurde getragen von den verschiedensten Schichten. Es wurden Reformen versprochen, aber die Versprechen wurden nicht gehalten. Bettine von Arnim versuchte noch einmal, den König zu beeinflussen. Sie wurde bespitzelt und zog sich immer mehr aus der Öffentlichkeit zurück. Nicht einmal alle ihre Kinder hielten zu ihr. Sie lebte sehr zurückgezogen und starb 1859 in Berlin.

Bettine von Arnim hat immer wieder betont, wie unbedarft sie sei: »Ich bin so froh, daß ich unbedeutend bin, da brauch ich keine gescheute Gedanken mehr aufgabeln.« Eine klassische Bildung bedeutete ihr nichts, im Gegenteil, das war in ihren Augen etwas für den »Philistergeist«. Der Philister war der Urfeind der Romantiker. Er gilt als Normalität schlechthin, als krankhaft Angepasster, als Schlafmütze. Die Vernunft, die den Menschen frei machen soll, ist bei ihm zum schlichten Nützlichkeitsdenken geworden.

Zur Wahrheit könne man nicht kommen über den Bildungsweg, so die Meinung der freiheitsdurstigen Denkerin Bettine von Arnim: »Alles, was man lernen muß, hüllt den Verstand in eine Nebelkappe, daß die Wahrheit uns nicht einleuchtet.«

Das Streben nach Wahrheit muss ganz und gar individuell sein. Die Individualität ist der ureigenste Lebenstrieb. Ein Geländer, an das der Mensch sich anlehnen könnte, gibt es nicht und ist auch nicht vonnöten. Ein Grundwort in Bettines Denken ist »Schwebereligion«. Bewegung ist das Grundprinzip allen Lebens, Möglichkeiten sind zu entwerfen, der Blick ist in die Zukunft zu richten. Es gibt keinen allgemeinen festen unerschütterlichen Grund, auf dem alles stehen könnte. Ewig ist für Bettine von Arnim nur das Werden. Und so nimmt in ihrem Denken die Sehnsucht einen wichtigen Platz ein. Es kommt darauf an, das Unmögliche zu wollen. Der Mensch bewegt sich sein Leben lang zwischen zwei Polen. Da ist einerseits die Realität, der er in gewissen Grenzen zu gehorchen hat, in der er seinen Platz einnehmen muss. Dann aber ist da eben auch die endlose Welt der Möglichkeiten, der Hoffnungen und Wünsche. Die alltägliche Realität, das war für Bettine von Arnim die 20-jährige Ehe mit Achim von Arnim und die Erziehung ihrer sieben Kinder.

Bettine von Arnim lebte aber nicht nur ein privates Leben, sie nahm auch regen Anteil am politischen Alltag der Zeit. Die Mildtätigkeit den Armen gegenüber war bei adligen Damen üblich. Bettine von Arnims gesellschaftliches Interesse ging aber über diese karitative Tätigkeit hinaus. Das Phänomen, mit dem sie vor allem zu tun hatte, war der sogenannte »Pauperismus«. Ein großer Teil der Bevölkerung konnte sich die notwendigsten Güter zum Überleben nicht mehr erwirtschaften. Die Menschen strömten in die Städte, wo es längst nicht für alle genügend Arbeit und vor allem nicht ausreichend Lohn gab. »Jeder ist seines Glückes Schmied«, so lautete die Regel. »Man will ein Arbeitsministerium, ich aber will ein Armenministerium, was einen viel entschiedeneren Charakter hat und ein viel wichtigeres Organ sein würde.« Bettine von Arnim war Anhängerin einer konstitutionellen Monarchie. »Der König soll revolutionär werden«, sagte sie. Vor allem kritisierte sie die starre preußische Justiz und Verwaltung. Im Jahr 1846 kam es zu einem Prozess, weil Bettine von

Arnim darauf bestand, ihre und die Werke ihres Mannes selbst zu verlegen. Sie unterlag. In ihrem »Königsbuch« kritisiert sie die Gefängnisse, die sie als »Marterkammern« bezeichnet. Nicht sündhafte Anlagen im Menschen seien daran schuld, wenn jemand kriminell werde, sondern die kranken Wertvorstellungen der Gesellschaft.

Bis zum Ende ihres Lebens glaubte Bettine von Arnim an gesellschaftliche Veränderung. Diese Hoffnung hat sie nie aufgegeben. Ein scharfes Denken und eine genaue Beobachtungsgabe mischten sich bei ihr mit hochfliegenden Träumen und sozialkritischen Ideen, die Welt zu verändern.

> Wissen und wissend sein ist zweierlei ... Ein Mathematiker, ein Geschichtsforscher, ein Gesetzlehrer – gehört alles in die versteinerte Welt, ist Philistertum ... Wissend sein ist gedeihend sein im gesunden Boden des Geistes, wo der Geist zum Blühen kommt. Da braucht's kein Behalten, da braucht's keine Absonderung der Phantasie von der Wirklichkeit, die Begierde des Wissens selbst scheint mir da nur wie der Kuß der Seele mit dem Geist, zärtliches Berühren mit der Wahrheit, energisch belebt werden davon.
>
> BETTINE VON ARMIN: *DIE GÜNDERRODE*

Karoline von Günderrode

(1780–1806)

Günderrode ist vor allem deshalb so bekannt geworden, weil sie sich mit 26 Jahren mit einem Dolch erstochen hat, aus, wie man zumeist annahm, verschmähter Liebe. Geboren wurde Günderrode in Karlsruhe. Ihr Vater starb bereits 1786 und stürzte die Familie damit in große finanzielle Schwierigkeiten. Karoline musste als älteste Tochter auf die jüngeren Geschwister achtgeben, während die Mutter versuchte, sich bei Hofe Ansehen zu erwerben. Im Jahr 1797 steckte man die junge Frau in ein Damenstift, in dem unverheiratete, mittellose Frauen untergebracht wurden. Der Tagesablauf war streng reglementiert, aber Günderrode fand Gelegenheit zur geistigen Weiterbildung. Ihre Werke veröffentlichte sie unter dem männlichen Pseudonym »Tian«. Im Jahr 1804 traf sie den Altertumsforscher Friedrich Creuzer. Der verheiratete Mann wurde ihre große Liebe. Obwohl auch Creuzer sich in die Dichterin und Philosophin verliebte, brachte er es nicht über sich, seine Frau zu verlassen. Günderrode erdolchte sich 1806 in Winkel am Rhein. Diese Tat nur dem Liebeskummer zuzuschreiben bedeutet aber eine unzulässige Vereinfachung. Günderrode hat mit dem Gedanken an Selbstmord schon früher gespielt. Sie hoffte, im Tod Ruhe zu finden und endlich versöhnt zu sein mit den widerstrebenden Kräften in ihrem Inneren.

Günderrode hat Gedichte und kleine Prosa geschrieben, aber sie hat auch intensive philosophische Studien betrieben, und das nicht nur nebenbei. Sie hat sich eingehend mit den Philosophen ihrer Zeit auseinandergesetzt, so zum Beispiel mit Georg Wilhelm Friedrich Hegel und Johann Gottlieb Fichte, den berühmten Vertretern des deutschen Idealismus, einer Gegenbewegung zum Empirismus. Im Vergleich zum Idealismus Platons hat sich jedoch vieles verändert. Platon war ja davon ausgegangen, dass die sinnliche Wirklichkeit ihre Realität von den Ideen bekommt. Er war noch ganz auf die Welt konzentriert. Im Lauf der Philosophiegeschichte war aber das Bewusstsein des Menschen immer stärker in den Mittelpunkt gerückt, und das zeigt sich bei den Denkern des deutschen Idealismus natürlich auch. Sie sind sich einig darüber, dass es keine Welt geben kann ohne das denkende Subjekt. Vor allem von Fichte hat Günderrode gelernt, welch große Bedeutung das eigene Ich für die Erkenntnis hat. Alles, was erkannt wird, wird im Spiegel eines Ichs erkannt. Günderrode hat sich Zitate der Denker notiert und ihre eigenen Bemerkungen dazu aufgeschrieben. Eines der Fichte-Zitate lautet: »Die nothwendigen Bestimmungen, welche uns durch ihren Zusammenhang ein Weltsystem bilden, lassen sich also auch durch nothwendige Gesetze unseres Denkens erklären.« Günderrode schrieb dazu: »D. h. die Gesetze, die wir in ihnen wahrzunehmen glauben, liegen in unserem eigenen Denken.« Günderrode richtete den Blick nach innen, wie es alle romantischen Philosophinnen und Philosophen taten. Was ihr dort begegnete, war geheimnisvoll und dunkel und zerrissen. Die Zeit der Romantik wurde immer wieder als Ursprung der Moderne bezeichnet. Gerade in Karoline von Günderrodes Denken lässt sich das sehr schön zeigen. Sie hat das Disharmonische des eigenen Erlebens, das Widersprüchliche allen Erkennens bei sich selbst beobachtet und darunter gelitten. Diese Tendenz wird sich in der Moderne verstärken. Der Mensch ist ein sehr einsames Wesen, ein Hauch, ein Etwas, das umhergetrieben wird, ohne einen Halt zu finden, und das Erlösung sucht in einer höheren Einheit. Und so sagt sie: »... immer neu und lebendig ist die Sehnsucht in mir, mein Leben in einer bleibenden Form auszusprechen, in einer Gestalt, die würdig sei, zu den Vortrefflichsten hinzutreten, sie zu grüßen und Gemeinschaft mit ihnen zu haben.« Auch Günderrode kennt die Sehnsucht der Romantik, auch sie strebt über das hinaus, was geordnet, in klare Begriffe gefasst vorliegt. Und sie misstraut einer Alleinherrschaft der Vernunft. Ihr Leben lang kämpfte Günderrode darum, die verschiedenen Teile ihrer Persönlichkeit zusammenzuhalten. An die Freundin Gunda Brentano schreibt sie im August 1801: »Ich habe keinen Sinn für weibliche Tugenden, für Weiberglückseligkeit. Nur das Wilde, Große, Glänzende gefällt mir. Es ist ein unseliges aber unverbesserliches Misverhältnis in meiner Seele; und es wird und muß so bleiben, denn ich bin ein Weib, und habe Begierden wie ein Mann, ohne Männerkraft. Darum bin ich so wechselnd, und so uneins mit mir.«

Die größte Harmonie werde in der Kunst erreicht, ein für die gesamte Romantik entscheidender Gedanke. Die romantischen Denkerinnen und Denker halten die Kunst für die einzige Möglichkeit, Widersprüchliches in einer höheren Einheit zusammenzubringen. Die Philosophie hat es schwerer: Sie kann sich der Wahrheit immer nur annähern. Dennoch ist sie die Königin der Wissenschaften.

Günderrode war sehr fantasievoll in der Auswahl der Formen, in denen sie ihre Gedanken ausdrückte. Neben Aphorismen waren es vor allem Gedichte und Briefe. Zunächst schrieb sie unter Pseudonym, weil sie die Kritik der Kollegen fürchtete. Sie hatte recht. Als herauskam, wer sich unter dem Namen »Tian« verbarg, warf man ihr vor, zwar ganz ordentlich schreiben zu können, die Schicklichkeit wegen der Radikalität des Denkens aber doch verletzt zu haben.

Mit Bettine von Arnim verbindet sie das Streben nach Freiheit und der Wunsch nach Freundschaft. Im Kleinen soll gelebt werden, was im Großen nur Ideal sein kann.

> Das Urwissen ist das göttliche Prinzip selber, die Philosofie als Wissenschaft aller Wissenschaften (in der sie alle enthalten sind) ist Annäherung zu diesem absoluten Wissen, lernen heißt das Göttliche suchen, wissen heißt es ergreifen.
>
> KAROLINE VON GÜNDERRODE:
> *AUS DER »PHILOSOPHISCHEN PROPÄDEUTIK«*

Rahel Varnhagen

(1771–1833)

Rahel Varnhagen wurde in eine angesehene jüdische Familie geboren und verbrachte die meiste Zeit ihres Lebens in Berlin. Rahel Levin war schon als Kind sehr nachdenklich, was besonders dem Vater nicht sonderlich gefiel. Sie war ein Mädchen und sollte sich praktischen Dingen zuwenden. Die intellektuelle Ausbildung fiel ausgesprochen mager aus, aber Rahel nutzte die ausgezeichneten Kontakte ihres Vaters zu den gebildeten Familien Berlins und eignete sich auf diese Weise Wissen aus der Literatur, der Philosophie und den Sprachen an.

Als der Vater 1790 starb, hatte das für die Familie und vor allem für Rahel einschneidende finanzielle Folgen. Sie konnte kein eigenes Geld verdienen und war abhängig von den Brüdern, die geschäftlich eher unbegabt waren. Eine gute Heirat wäre die Lösung gewesen, aber damit wartete Rahel Levin noch. So musste sie lernen, sich zu bescheiden. An ihrem Hang zur Philosophie änderte das nichts. In ihrem Kopf kreisten viele Gedanken. Sie wollte nicht mehr nur in ihrem Dachstübchen die großen Probleme wälzen, und so eröffnete sie 1790 im Elternhaus in der Jägerstraße einen Salon. Das war keine Pioniertat. In Frankreich gab es bereits im 17. Jahrhundert solche Orte der gebildeten Geselligkeit, die stets von einer Frau geleitet wurden. Der Salon musste 1806 geschlossen werden, als Napoleon in Berlin einmarschierte und die Reformen, die auch eine Verbesserung der Situation für die Juden bedeuten sollten, von den oberen Schichten nicht akzeptiert wurden. Vor allem der Adel wehrte sich vehement, und dies bedeutete eine neue Welle der Judendiskriminierung. Fast ihr ganzes Leben litt Rahel Varnhagen darunter, dass sie

Jüdin war, was so viele Einschränkungen für sie brachte. Die Hochzeit mit Karl August Varnhagen fand 1814 statt, vier Tage nachdem Rahel zum katholischen Glauben konvertiert war. Aber auch nach Heirat und Konversion blieb Rahel in einer Außenseiterposition. Eine gewisse Sicherheit im Äußeren bedeutet ja noch nicht Sicherheit auch in geistigen Dingen. Im Jahr 1825 wagte Rahel Varnhagen noch einen Versuch mit einem Salon. Einer der Gäste war Heinrich Heine, mit dem sie eine Art Mutter-Sohn-Verhältnis verband. Als sie 1833 starb, ernannte sie ihren Mann zu ihrem Nachlassverwalter. Sie hatte gut gewählt. Varnhagen ging liebevoll, kompetent und uneitel mit dem Werk seiner Frau um.

Für Rahel Varnhagen stehen nicht die Gegenstände, sondern der Prozess des Philosophierens im Mittelpunkt. Am wichtigsten ist ihr, dass selbstständig gedacht wird: »Auf das Selbstdenken kommt alles an, auf die Gegenstände oft sehr wenig.«

Unabhängig von den äußeren Bedingungen, vom Stand und der Rolle, die jemand in der Gesellschaft spielt, sollte sich ein freies Denken entwickeln. Das Ergebnis ist unwesentlich, Mut wird gefordert in der Beschäftigung mit heiklen Themen. Ängstliche Naturen haben auf dem Feld der Philosophie nichts zu suchen. Das erinnert an die Denkerinnen und Denker der Antike, an Aspasia und Sokrates, für die das Philosophieren grundsätzlich etwas Umstürzlerisches an sich hatte. Den Dingen auf die Spur kommen, unerbittlich fragen, niemals zaudern, so hieß die Devise im alten Griechenland und im Berlin der Romantik. »Denken ist graben, und mit dem Senkblei messen. Viele Menschen haben keine Kraft zum Graben, auch andere keinen Mut und Gewohnheit, das Blei in die Tiefe sinken zu lassen.«

Schriftlich hat Rahel Varnhagen ihre Gedanken in Tagebüchern, Briefen und Aphorismen niedergelegt. Die kurze prägnante Form schien ihr ihrer Philosophie am angemessensten zu sein. Sie hat keine großen systematischen Abhandlungen verfasst. Auch andere berühmte Geister der Epoche machten es nicht anders, so zum Beispiel die Romantiker Friedrich Schlegel und Novalis. Schlegel war auch Gast in ihrem Salon, wo sich die unterschiedlichsten Persönlichkeiten trafen: Dichter, Philosophen, Menschen aus der Politik und dem Hochadel.

Der Mensch hat für Rahel Varnhagen etwas ganz grundsätzlich Unabgeschlossenes, Rätselhaftes. Er ist nicht zu fassen. In einem Brief an den Dichter Adam Müller schrieb sie: »Und ich möchte sagen, was ist am Ende der Mensch anderes als eine Frage.« Alles, was mit dem Menschen zu tun hat, seien es nun Gefühl und Verstand, die Rolle von Gesellschaft und Politik oder die Religion: Immer sind die Fragen brennend und die Antworten selten.

Rahel Varnhagen war nicht schwärmerisch veranlagt. Der Verstand darf nicht unterschätzt werden, er ist dazu da, sich selbst und alles Verstehbare zu erklären. Das Fühlen ist einfach da, es kann nicht erklärt werden und bedeutet für den Menschen eine Grenzerfahrung. Religion fängt da an, wo das Wissen aufhört. All dies sind Grundgedanken der Romantik.

Als Rahel Varnhagen starb, hatte sie sich mit ihrem Judentum ausgesöhnt: »Was so lange Zeit meines Lebens mir die größte Schmach, das herbste Leid und Unglück war, eine Jüdin geboren zu sein, um keinen Preis möcht' ich das jetzt missen.«

> Ich liebe unendlich Gesellschaft und von je, und bin ganz überzeugt, daß ich dazu geboren, von der Natur bestimmt und ausgerüstet bin. Ich habe unendliche Gegenwart und Schnelligkeit des Geistes um aufzufassen, zu antworten, zu behandeln. Großen Sinn für Naturen und alle Verhältnisse, verstehe Scherze und Ernst und kein Gegenstand ist mir bis zur Ungeschicklichkeit fremd.
> RAHEL VARNHAGEN, *GESAMMELTE WERKE, BAND IX*, 1983

Germaine de Staël
(1766–1817)

Germaine de Staël war das einzige Kind eines reichen Schweizer Bankiers und dessen Frau, die ihr Kind entgegen der Tendenz der Zeit allein erziehen wollte und nicht dem Dienstpersonal übergeben, wie es in diesen gesellschaftlichen Kreisen zu jener Zeit üblich war. Der Vater war Herr im Haus und gestattete seiner Frau nicht zu schreiben. Die Tochter aber unterstützte er. Und so übte sich Germaine de Staël schon früh im kunstvollen Ausformulieren ihrer Gedanken. Ebenso früh in ihrem Leben spielten Männer eine große Rolle. Sie hatte fünf Kinder, von denen aber nur eines von ihrem Ehemann war. Germaine de Staël verstand es, Liebe und Politik zu verbinden. Sie lebte damit nicht ungefährlich. Immer wieder musste sie Frankreich verlassen, 1802 für lange Zeit. Napoleon schickte sie ins Exil, und sie reiste über die Schweiz nach Deutschland. Sie ging erst nach Napoleons Sturz 1815 nach Paris zurück, wo sie auch starb.

Ein Vorbild für viele französische Intellektuelle war damals Jean-Jacques Rousseau, der in seiner Gesellschaftskritik einen Schwerpunkt auf die Rolle eines freien, nach innen gerichteten Individuums legte. Gesellschaftsschranken sollten seiner Meinung nach aufgehoben werden. Auch Germaine de Staël war beeindruckt von Rousseaus Ideen, konnte aber dessen Rückzug in die Natur nicht mitmachen und damit auch nicht seine Vorstellung von der »natürlichen« Gebundenheit der Frau ans Häusliche. Sie blieb ein Großstadtkind. Sie trennte Gefühl und Politik nicht, im Gegenteil: In ihrer Schrift »De L'influence des passions sur le bonheur des individus et des nations« zeigt sie, dass Emotionalität und politisches Kalkül durchaus zusammengehen können.

Germaine de Staël baute wie so viele auf Napoleon. Der aber wollte vor allem Ruhe im Land, um seine Kräfte für die Eroberungspolitik sammeln zu können. Die Eckpfeiler nationalen Friedens waren für ihn die Ehe und die katholische Kirche. Das war nicht im Sinne Mme. de Staëls. Sie war für die Scheidung und für Freiheit in der Wahl der Partner.

In ihrem Denken ging es ihr darum, zu zeigen, dass die Gedanken der Aufklärung sich verbinden lassen mit der Ausbildung einer empfindsamen Seele. De Staël schrieb ihre Gedanken vor allem in philosophischen Romanen nieder. Napoleon witterte einen aufrührerischen Geist hinter den schönen Worten. Der Kampf mit ihm dauerte 14 Jahre, dann hatte Napoleon genug und schickte die Denkerin ins Exil. Frauen sollten zu Hause bleiben, sich still verhalten und stricken, so lautete seine Meinung. In Weimar eröffnete Mme. de Staël einen Salon, in dem unter anderen Goethe und Schiller zu Gast waren. Diese empfanden sie als schillernde Persönlichkeit von brillantem Geist, und das, obwohl sie Weimar kritisch gegenüberstand. Vor allem die Philosophie des deutschen Idealismus war ihr ein Dorn im Auge. In ihrem vierbändigen Werk über Deutschland und die Deutschen kritisiert sie die Schwerverständlichkeit dieser Philosophie. Außerdem kann sie nicht verstehen, wieso man philosophische Gedanken in derart geschlossene Systeme wie die von Hegel oder Fichte pressen müsse. Alles habe darin seinen unverrückbaren Platz, und das stehe einem offenen, geschmeidigen Denken feindselig gegenüber. Wie alle Romantikerinnen und Romantiker liebt sie die kleine Form: Fragment, Brief, Essay, Aphorismus. Die Gedanken müssen Luft durchlassen, sonst ersticken die Leser. Auch vermisst sie im Idealismus eine Analyse der großen Bedeutung des Gefühls für die Erfassung des Unendlichen. Am stärksten fällt ihr das bei Fichte auf, der das Ich zum Mittelpunkt von allem machte. Dieses Ich ist für eine Denkerin wie Germaine de Staël viel zu monomanisch, einsam, auf sich bezogen. Das Gefühl nämlich ist in ihren Augen das Organ, das den Einzelnen in Bezug zu den anderen Menschen und zur Natur setzt. Ohne Gefühl kann ich kein gesellschaftliches Wesen sein.

Auch vom Gefühl entkleidet, hat der Idealismus den Vorzug, die Tätigkeit des Geistes im höchsten Grade anzuregen; aber Natur und Liebe verlieren durch dieses System ihren ganzen Zauber. Denn wenn die Gegenstände, welche wir sehen, und die Wesen, welche wir lieben, nichts weiter sind als Werk unserer Ideen, so muss der Mensch selbst als der große Ehelose der Welt betrachtet werden.

MME. DE STAËL: *ÜBER DEUTSCHLAND*

In sich hinein- und um sich herumschauen: Das 19. Jahrhundert und die Jahrhundertwende

Die Philosophinnen der Romantik entdeckten die Welt im Inneren des Menschen, seine Abgründe, aber auch den Reichtum, den Traum und Fantasie erschließen. Damit haben sie dem philosophischen Denken ganz neue Räume und Möglichkeiten erschlossen. Dass philosophische Gedanken sich nicht unabhängig vom politischen und gesellschaftlichen Leben entwickeln, war den romantischen Philosophinnen klar, und an diesem Bewusstsein für die Bedeutung von Politik und Gesellschaft änderte sich auch im 19. Jahrhundert nichts. Frauen hatten weiterhin gegen die alten Vorurteile ihrem Geschlecht gegenüber zu kämpfen, wurden noch immer vor allem festgelegt auf ein Dasein als Ehefrau, Hausfrau und Mutter, und man sprach ihnen noch immer intellektuelle Fähigkeiten eher ab als zu. Die gelehrte Frau wurde beargwöhnt. Dabei war man angewiesen auf die vernunftgeleitete Hilfe auch von Frauen bei der Lösung der vielen Probleme, die die sogenannte »industrielle Revolution« mit sich brachte: die rasante Entwicklung der Technik, das Wachsen der Städte, die Verarmung breiter Arbeiterschichten. Enorme soziale Probleme stellten sich ein. Der Mensch ist schließlich keine Maschine. Er braucht gesunde Luft und Licht, angemessenen Wohnraum und eine gerechte Bezahlung der Arbeit. Wie ist die immense Entwicklung in den Bereichen Technik, Handel und Verkehr in Einklang zu bringen mit einem Leben, in dem Menschen weiterhin die Frage nach einem sinnvollen Tun stellen? Wie schafft man es, die natürlichen Bedürfnisse der Menschen zu befriedigen und gleichzeitig die Möglichkeiten, die der technische Fortschritt mit sich bringt, nicht einzuengen? Für die Philosophinnen des 19. Jahrhunderts stellt die Gerechtigkeitsfrage einen ganz wichtigen Grundpfeiler dar. Und damit bleibt natürlich auch das Problem der Geschlechtergerechtigkeit zentral.

Hedwig Dohm

(1831–1919)

Hedwig Dohm wuchs in bürgerlichen Verhältnissen auf. Wie üblich, bekam sie keine ausreichende Bildung und musste selbst schauen, wie sie sich Wissen aneignen konnte. Die Revolution von 1848 bekam sie vom Fenster der elterlichen Wohnung aus mit. Später besuchte sie ein Lehrerinnenseminar, das allerdings mit der heutigen Lehrerausbildung wenig gemein hat: Vor allem die Bibel wurde studiert. Durch die Heirat mit dem Redakteur Ernst Dohm im Jahr 1853, lernte Hedwig Dohm die intellektuelle Elite Berlins kennen. In den folgenden Jahren brachte sie fünf Kinder zur Welt. Sie war beteiligt an der Gründung mehrerer Frauenvereine. Ihr Mann starb bereits 1883 und sie überlebte ihn um mehr als 30 Jahre. Im Juni 1919, ein halbes Jahr nach der Ermordung von Rosa Luxemburg und Karl Liebknecht, starb Hedwig Dohm an einer Lungenentzündung.

Ihre Grundthemen waren soziale Gerechtigkeit und die Selbstbestimmung der Frau. Das Gerede von einem »Wesen der Frau« tat sie als »metaphysisch« ab. Im Alltag habe sich zu zeigen, wer die Frau sei, hier müsse sie sich bewähren und gegen alte Vorurteile kämpfen. Ganz wichtig schien ihr das Wahlrecht für Frauen zu sein. Dafür setzt sie sich vor allem in dem Text »Der Frauen Natur und Recht« ein. Die zweite wichtige Arbeit Dohms ist ihre Schrift »Die wissenschaftliche Emanzipation der Frau«. Sie zeigt sich darin immer wieder als Anhängerin eines aufgeklärten Menschenbildes. Es gibt für sie keine von einer diffusen Bestimmung der »Natur der Frau« herzuleitende Ungleichbehandlung. Dazu gehört vor allem die sogenannte »geistige Unfähigkeit«. Sie kritisiert, dass Unterschiede in der Sozialisation von Jungen und Mädchen uminterpretiert würden in Richtung Naturgesetz. Die »Natur als solche« muss herhalten, um gesellschaftliche Prozesse zu erklären. Hedwig Dohm blickt vorrangig nach draußen, in die Welt, um zu beobachten, was vor sich geht, wie Menschen handeln, wie sie zu Regeln und Gesetzen kommen. Sie ist nicht daran interessiert, ein Darüberhinaus, eine metaphysische Ebene zu erfahren. Sie fragt nicht nach einer Welt, die hinter der alltäglichen liegen könnte. »Sittlichkeit« ist für sie nicht etwas, das im Inneren des Menschen schlummert. Sie muss von außen die Möglichkeit bekommen, sich zu entwickeln. Deshalb fordert Dohm eine ausgewogene Mädchenbildung und das Wahlrecht. Dadurch wird eine Politiktauglichkeit der Frauen erreicht, sie können wirklich mitreden und zu Veränderungen beitragen. Dabei betont sie auch immer wieder die Unterschiedlichkeit der einzelnen Individuen. Die Menschen sind nicht gleich, sondern sie unterscheiden sich voneinander, gerade deshalb ist eine Mitarbeit aller an gesellschaftlichen Prozessen gefordert. Hedwig Dohm war eine ausschließlich an ethischen Problemen interessierte Denkerin. Ihr Ziel war die Veränderung der ungerechten Geschlechterverhältnisse. Neben der Theorie stand die praktische Umsetzung der Ideen an erster Stelle.

Die Frauen fordern das Stimmrecht als ihr Recht. Warum soll ich erst beweisen, daß ich ein Recht dazu habe? Ich bin ein Mensch, ich denke, ich fühle, ich bin Bürgerin des Staates, ich gehöre nicht zur Kaste der Verbrecher, ich lebe nicht von Almosen, das sind die Beweise, die ich für meinen Anspruch beizubringen habe. Der Mann bedarf, um das Stimmrecht zu üben, eines bestimmten Wohnsitzes, eines bestimmten Alters, eines Besitzes, warum braucht die Frau noch mehr? Warum ist die Frau gleichgestellt Idioten und Verbrechern? Nein, nicht den Verbrechern. Der Verbrecher wird nur zeitweise seiner politischen Rechte beraubt, nur die Frau und der Idiot gehören in dieselbe politische Kategorie.

HEDWIG DOHM: *DER FRAUEN NATUR UND RECHT*

Helene Stöcker

(1869–1943)

Eine Universitätslaufbahn war den Frauen, die in Preußen lebten, bis 1908 verwehrt. Vorreiter im deutschsprachigen Raum war die Schweiz: An der Universität Zürich durften Frauen ab dem Wintersemester 1865 regulär studieren. Helene Stöcker promovierte in Bern, nachdem sie sich zuvor als Gasthörerin in Berlin eingeschrieben hatte. Sie studierte dort Philosophie, Literaturgeschichte und Nationalökonomie. Sie promovierte über die »Kunstanschauung des 18. Jahrhunderts«. Aufgewachsen ist Helene Stöcker in Elberfeld (Wuppertal). Ihre Eltern waren streng calvinistisch. Die übergroße Sittenstrenge, die in ihrem Elternhaus herrschte, bewirkte bei der Denkerin später eine kritische Einstellung gegenüber der Religion. Im Jahr 1905 gründete Stöcker zusammen mit Maria Lischnewaka den »Bund für Mutterschutz und Sexualreform«. Sie bekannte sich bereits vor dem Ersten Weltkrieg zum Pazifismus und wurde zu einer anerkannten Denkerin und Kämpferin für Gleichheit und Fortschritt. Im Jahr 1933 musste sie Deutschland verlassen, wie viele andere politisch Andersdenkende. Sie emigrierte über die Schweiz, London und Stockholm in die USA, wo sie 1941 schwer herzkrank ankam. Im Jahr 1937 war ihr von den Nazis die deutsche Staatsbürgerschaft aberkannt worden. Sie starb 1943 in New York.

Mit 21 Jahren hatte Stöcker die erste Lesebegegnung mit Friedrich Nietzsche (1844–1900). Es war ein einschneidendes Erlebnis, und von dieser Zeit an sollte sie der Philosoph ihr Leben lang nicht mehr loslassen. Nietzsches These von der »Umwertung aller Werte« war es vor allem, die sie faszinierte und beeinflusste. Nietzsche trat an als einer, der seine Aufgabe darin sah, gegen feste Moralvorstellungen oder Werte zu kämpfen. Vor allem die Werte, für die die Kirche eintrete, seien gegen das Leben gerichtet, also zutiefst lebensfeindlich. Das Leben aber in seinem ewigen Fließen stehe an erster Stelle. Dogmen und Einschränkungen jeder Art seien zu meiden. Feigheit, Kleinlichkeit, Mitleid, Ängstlichkeit haben in dieser Vorstellung vom Lebendigsein des Menschen nichts zu suchen. Es gibt für Nietzsche keine höhere Substanz, kein »Du sollst«, keinen Gott, kein Jenseits, nur die Welt in ihrem dauernden Werden. Hier war einer, der den Mut hatte, all das, was sie gehört hatte über Moral und Religion, über die richtige Lebensweise und das Böse, einfach umzustoßen. Hier stellte sich einer auf seine eigenen Füße, ohne Rücksicht auf sich selbst und andere Menschen. Ein Pulverfass war dieser Nietzsche für die junge Helene Stöcker. Das Feuer sprang über. Die Freiheit des Geistes, das war es, was Stöcker auch für sich formulieren konnte. Selbstständigkeit im Denken und Handeln stand an erster Stelle. Für die Philosophin galt das in ganz entscheidendem Maß, aber auch für die Frauen überhaupt. Und so übernahm sie Nietzsches Aufruf »Du sollst der werden, der du bist« und wandelte ihn um in ein »Werde, die du bist!«. In ihrer Schrift »Die Liebe und die Frauen« formulierte sie es so: »Und was wir wollen, wir in der jungen, strebenden Frauengeneration, das ist mehr, als die Philister hüben und drüben sich träumen lassen. Nicht nur die Möglichkeit, Zahnarzt und Rechtsanwalt zu werden ... das alles und viel mehr noch verlangen wir. Eine neue Menschheit – Männer und Frauen – Nietzsches höhere Menschen, die ja sagen dürfen zum Leben und zu sich selber.«

Helene Stöcker hatte die Idee, dass es einen »neuen Menschen« geben müsse. Auch hier diente Nietzsche als Vorbild. Staat und Religion seien nicht mehr verantwortlich für den Wertekanon, dem die Menschen sich zu unterwerfen hätten. Es liege am Menschen selbst, für sich einen Sinn zu finden. Stöcker war sehr optimistisch, was die Durchsetzung ihrer Ideale anging. Und sie war eine tatkräftige Person, die es für unumgänglich ansah, den Fortschritt nicht nur im Denken zu propagieren, sondern ihn auch in die Praxis umzusetzen.

Wenn man heute alle guten Dinge des Lebens auch für die Frau in Anspruch nimmt: die geistige Schulung, pekuniäre Unabhängigkeit, eine beglückende Lebensaufgabe, eine geachtete soziale Stellung und dazu als ein ebenso Selbstverständliches, ebenso Notwendiges: Ehe und Kind, dann klingt diese Forderung nicht mehr – wie vor einem Jahrzehnt – wie die Stimme eines Predigers in der Wüste. Heute sind nicht nur schon eine Anzahl von Frauen zu dieser natürlichen Forderung eines Vollmenschentums herangereift; auch eine Reihe von Männern hat begriffen, daß erst hiermit das Ziel der Kultur erreicht werden kann.

HELENE STÖCKER: *DIE LIEBE UND DIE FRAUEN*

Leonore Kühn

(1878–1955)

Die Metaphysik war für viele Denkerinnen und Denker in der zweiten Hälfte des 19. Jahrhunderts anrüchig geworden. Die Suche nach dem Unveränderlichen, jenseits der Sinnenwelt Liegenden trat zurück. In einer Welt ständig wachsender Technisierung und wirtschaftlichen Wachstums kam es darauf an, den Menschen fest in sich zu verankern, dem Individuum einen Halt in sich zu geben.

Leonore Kühn wurde in Riga/Lettland geboren als Tochter eines Gymnasiallehrers und einer Musiklehrerin. Sie war zunächst als Musikpädagogin tätig und studierte später in Berlin, Erlangen und Freiburg i. Br. Philosophie. Sie promovierte bei Heinrich Rickert (1863–1936).

Rickert, Leonore Kühns Lehrer und Doktorvater, war der Meinung, dass sich die Philosophie mit allgemein gültigen Werten beschäftigen müsse, dass diese Auseinandersetzung aber jederzeit das Individuum mit zu berücksichtigen habe. Die Beziehung zwischen dem Individuum und den Werten war auch Grundthema von Kühns Philosophieren. Eine herausragende Rolle spielt der künstlerische Mensch, der die Aufgabe hat, durch seine Kreativität Werke zu schaffen, die ihn überdauern und dem Leben einen Sinn geben. So war das Thema ihrer Dissertation die Frage nach der ästhetischen Autonomie. Kühn stellt darin die These auf, dass künstlerische Menschen aus sich heraus ohne Dazutun einer »höheren« Macht einen Sinn erleben könnten, der sich im Kunstwerk zeigte.

Kühn war aber nicht nur Philosophin, sondern auch Journalistin und Verfasserin von Reiseberichten. Politisch war sie konservativ bis nationalistisch eingestellt. Die Philosophie verhinderte nicht, dass sie den Ideen des Nationalsozialismus positiv gegenüberstand.

Kühn hat ein Buch geschrieben mit dem Titel: »Die Autonomie der Werte«. Ihre Methode beschreibt sie als »Betrachtungsweise, die von nichts anderem ausgehen will als dem immanenten Sinn und der zielgerichteten Forderung nach grundlegenden Werten«. Sie will sich aber in dieser Untersuchung nicht nach Begründungen umschauen, die mit Gott oder einer sonstigen letzten Ursache zu tun haben. Keine Metaphysik also!

Werte verändern sich nach Ansicht von Leonore Kühn. Sie sind nicht ein für alle Mal gegeben, sondern müssen immer wieder neu gefunden werden. Sie sind einem historischen Wandel unterworfen. Werte oder ein Sinn gehören zum Leben dazu und müssen nicht in einem Jenseits gesucht werden.

> Wer schöpferisch ist, ist immer irgendwie positiv zum Leben gesonnen, weil er dessen Sinn nicht erfragt, sondern erlebt; es gehört erst zum Typus des modernen, von der Reflexion angefressenen Produktiven, dass auch ihm der »Sinn des Lebens« ein lebenszerstörendes Problem werden kann.
>
> LEONORE KÜHN: *SCHÖPFERISCHES LEBEN*

Helene von Druskowitz

(1856–1918)

Helene von Druskowitz wurde in Hietzing bei Wien geboren. Sie zeigte schon sehr früh erstaunliche künstlerische und denkerische Fähigkeiten. Sie erhielt eine Klostererziehung und wurde außerdem am Konservatorium als Pianistin ausgebildet. Wie viele andere Frauen studierte auch sie in Zürich, und zwar die Fächer Philosophie, Klassische Philologie, Archäologie, Orientalistik, Germanistik und moderne Sprachen. Im Jahr 1878 promovierte sie und war damit die zweite Frau, die in Zürich den Doktortitel bekam. Sie verkehrte in intellektuellen Kreisen, und man schätzte sie wegen ihrer Scharfzüngigkeit. Druskowitz hielt Vorträge und schrieb literarische Analysen, philosophische Texte und eigene literarische Versuche. Im Jahr 1884 begegnete sie Friedrich Nietzsche und war wie Helene Stöcker zunächst fasziniert von ihm. Allerdings legte sich die Begeisterung schnell wieder.

In einem Brief an seine Schwester schrieb Nietzsche über seine neue Bekanntschaft: »Sie hat sich von allen mir bekannt gewordenen Frauenzimmern bei weitem am ernstesten mit meinen Büchern abgegeben.«

Den Tod der Mutter 1888 verkraftete Druskowitz nur schwer. Außerdem litt sie darunter, dass man sie als Philosophin nicht wirklich ernst nahm. Ihre Psyche hielt diesen Belastungen nicht stand, und sie lebte ab 1889 bis zu ihrem Tod, also 27 Jahre, in einer Nervenheilanstalt. Sie schrieb aber auch hier weiter.

Druskowitz' Abkehr von ihrem Idol Nietzsche kam relativ schnell. Dass sie – wie übrigens Nietzsche auch – nicht unter mangelndem Selbstwertgefühl litt, zeigt folgende Bemerkung: »Da ist vor allem zu bemerken, daß Nietzsche kaum ein Problem eingehend behandelt hat. Er gefällt sich darin, wo andere gearbeitet haben, in wirren Andeutungen und geistreichen Bildern sich zu ergehen ... Nach unserem Dafürhalten scheint seine Stärke doch hauptsächlich auf einem genialen Reproduktionsvermögen zu beruhen. Er besitzt die Überlegenheit des Ausdrucks und der Form, und in der That hat er durch manches treffende Wort, durch manche neue Bezeichnung, durch manches glückliche Bild Resultate der Forschung in einer neuen Beleuchtung gezeigt, wodurch er freilich oft zu einer Stellungnahme den eigentlichen Urhebern dieser Gedanken gegenüber gelangt, welche die Bescheidenheit vermissen läßt.«

Bescheidenheit war allerdings auch nicht eine der Haupteigenschaften von Helene von Druskowitz. Die Kritik an Nietzsche erschien 1886 in dem Essay »Moderne Versuche eines Religionsersatzes«. Im Jahr 1889 kam der Aufsatz in überarbeiteter und erweiterter Form unter dem Titel »Begründung einer überreligiösen Weltanschauung« heraus. Der Titel weist schon auf das hin, was von Druskowitz als Thema gewählt hatte. Es ging ihr um eine Neuorientierung des Menschen, die unabhängig von der Religion stattfinden sollte. Ins Zentrum wollte sie Philosophie und Naturwissenschaften stellen.

Ebenfalls 1887 veröffentlichte die Denkerin ihr Buch »Wie ist Verantwortung und Zurechnung ohne Annahme der Willensfreiheit möglich«. Für von Druskowitz gehört gerade die Willensfreiheit zum Menschen dazu. Kant hatte die Willensfreiheit definiert als Fähigkeit, von selbst etwas anzufangen, ohne von außerhalb angetrieben zu werden. Er sprach in diesem Zusammenhang auch von Spontaneität. Druskowitz verbindet diese Vorstellung mit dem Gedanken der »Umwertung aller Werte«. Eben weil der Mensch frei ist, zu tun, was er möchte, hat er auch die Verantwortung für sein Handeln. Die Menschen müssen selbstständig ihre moralischen Grundsätze finden. Von außen kommt keine Hilfe. Gott ist nicht dazu da, den Menschen bei ihren Entscheidungen zur Seite zu stehen.

Im Jahr 1895 erschien von Druskowitz' letztes Werk: »Der Mann als logische und sittliche Unmöglichkeit und als Fluch der Welt«. Hier formulierte von Druskowitz ihre Weltsicht in drastischen Worten. Sie verbindet ihre religionskritische Haltung mit dem Hass, den sie auf Männer hat.

Zwar leugnet die Philosophin Gott nicht, sieht ihn jedoch, anders als der christliche Glaube, in einer »Übersphäre« angesiedelt, die keine Verbindung zum Menschen hat. In ihren ersten Schriften hatte sie die leise Hoffnung geäußert, dass das menschliche Bewusstsein sich entwickeln könne, um mit der göttlichen Sphäre Kontakt aufzunehmen. Diesen Ansatz revidierte sie in den späteren Jahren und kam zu einer radikal pessimistischen Weltanschauung. Eine gewisse Nähe zur Transzendenz schreibt von Druskowitz nur den Frauen zu. Sie sind in ihren Augen viel höher entwickelt als die Männer. Dem Mann geht es um Macht, er versumpft in der Materialität, fühlt sich zum Herrscher berufen und wirkt als Zerstörer der Natur.

Helene von Druskowitz starb wie Friedrich Nietzsche in geistiger Umnachtung. Ihre Philosophie ist in Vergessenheit geraten, nur mit ihrer Person hat man sich immer wieder beschäftigt.

> Der Mann ist das habgierigste aller Lebewesen. Er hat, schlimmer als eine wilde Bestie, die Mutter Erde nach allen Richtungen durchwühlt und ihr alle Schätze abgewonnen. Er ist mit wenigen Ausnahmen der geborene Widersacher der Vernunft und der Menschlichkeit und verdirbt von vornherein die höhere Art.
>
> HELENE VON DRUSKOWITZ:
> *DER MANN ALS LOGISCHE UND SITTLICHE*
> *UNMÖGLICHKEIT UND ALS FLUCH DER WELT*

Hedwig Bender

(1854–1928)

Hedwig Bender wurde in Luxemburg als Tochter eines preußischen Offiziers und einer Adligen geboren. Die höhere Schule besuchte sie in Hannover, wohin die Familie übergesiedelt war. Sie übte verschiedene Berufe aus, wurde Lehrerin und schließlich Landschaftsmalerin. Daneben pflegte sie ihre Eltern. Die Mutter war im Alter fast blind, und nach ihrem Tod wurde der Vater zum Pflegefall in Folge eines Schlaganfalls. Wo konnte da noch Platz sein für die Philosophie? Gerade das ist aber das Faszinierende an dieser Denkerin: Sobald sich eine freie Stunde bot, klemmte sie sich hinter die Bücher und las die Philosophen, die sie am liebsten hatte: Spinoza und Kant. Über viele Jahre hin arbeitete sie an einem Text über Kants Erkenntnistheorie. Leider ist das Manuskript verschollen. Aber Hedwig Bender hat sich auch praktisch in der Frauenfrage engagiert. Sie war Mitglied im 1865 gegründeten »Allgemeinen Deutschen Frauenverein«. Über die letzten Jahre der Philosophin ist fast nichts bekannt. Wahrscheinlich starb sie in Eisenach, wo sie seit 1877 lebte.

Im Jahr 1887 erschien Benders Buch »Philosophie, Metaphysik und Einzelforschung«. Hedwig Bender versucht hier, eine Verbindung herzustellen zwischen der Wirklichkeit, die die Naturwissenschaft zum Thema hat, und der »transzendenten« Welt, die jenseits dessen liegt, was materialistisch aufzufassen ist. Die Einzelwissenschaften zielen nach Benders Meinung auf die Erklärung von einzelnen Phänomenen, ohne das Ganze im Blick zu haben. Die Philosophie hingegen bleibt unabhängig von den Einzelwissenschaften. Sie braucht deren Ergebnisse nicht, kann sie aber dennoch nutzen, wenn sie möchte.

Beide Wissenschaften gehen aber von der Erfahrung aus, auch die Philosophie, »nur setzen sie an verschiedenen Stellen derselben (bei verschiedenen Ausgangspunkten) ein: die eine gleichsam vom Gipfel eines Bergkegels nach allen Seiten hin Ausschau haltend und gradatim (stufenweise) mit den Augen immer tiefer hinabsteigend, die andre von verschiedenen Punkten am Fuße des Berges langsam und vorsichtig nach oben klimmend«. Hier zeigt sich die Nähe Benders zu Kant, der auch davon ausging, dass keine Erkenntnis ohne Erfahrung möglich sei. Es können durchaus in einem Forscher beide Geistesrichtungen vorhanden sein. Meistens überwiegt allerdings eine. Entweder man ist Einzelwissenschaftler, also zum Beispiel Biologe, Physiker oder Astronom, oder man ist schwerpunktmäßig Philosoph.

Die Philosophie aber stellt die »letzten Fragen«, nach der Zeit und der Ewigkeit, nach dem begrenzten und dem unbegrenzten Raum. Außerdem fragt sie nach der Natur der Seele, nach dem Verhältnis von Seele und Körper, nach den Prinzipien des richtigen Handelns und nach dem Wesen des Schönen. Die Philosophie ist die umfassendste Wissenschaft.

Einen sehr wichtigen Teil ihrer Philosophie sieht Hedwig Bender darin, zu zeigen, dass die Metaphysik eine wirkliche Wissenschaft ist. Darin unterscheidet sie sich von Kant. Über die metaphysischen Fragen nämlich können wir nach Kant nichts aussagen, weil sie über die Erfahrung hinausgehen. Hedwig Bender stellt nun die Frage, »ob es außer und neben der direkten nicht auch eine indirekt empirische Erkenntnis gibt?«. Bender ist der festen Überzeugung, dass es sich genau so verhält, dass nämlich das Sichtbare über sich hinausweist und wir so im Sichtbaren Zeichen des Unsichtbaren wahrnehmen können.

Hedwig Bender war eine sehr fortschrittlich denkende Philosophin. Sie plädierte für eine Zusammenarbeit aller Wissenschaften mit der Philosophie. Gerade weil die Technisierung der Welt voranschritt, wollte sie klarmachen, wie wichtig das Philosophieren als verbindendes Glied ist.

Hedwig Bender war aber nicht nur an den Fragen der Metaphysik interessiert, sondern sie hat sich auch für die Frauenfrage engagiert. Sie verfasste die beiden Schriften »Die Frauenbewegung in Deutschland«

und »Frauenwünsche und Frauenbestrebungen«. Darin setzte sie sich vehement für die Berufstätigkeit der Frauen ein. Frauen dürften keine »Almosenempfängerinnen« sein. Allerdings war sie keine Befürworterin des Frauenwahlrechts, da sie der Meinung war, die »Normalfrau« sei noch weniger mündig als der »Normalmann«. Damit läuft alles auf eine Entwicklung von Bildungsmöglichkeiten hinaus.

Hedwig Bender wollte die sich abzeichnende Trennung der Philosophie von den Einzelwissenschaften verhindern und zeigen, dass beide Disziplinen einander brauchen. Ihr Denken und ihre Sprache sind ungemein klar und sachlich. Sie hat ihre Philosophie unter stark erschwerten Bedingungen entwickelt, musste sich selbst disziplinieren und ihre Freizeit dafür verwenden. Vielleicht war gerade diese Situation, nämlich das praktische Leben allein meistern zu müssen und den Antrieb zur Philosophie zu spüren, Grund für das Bestreben, beides zu verbinden: praktische Erfahrung und Metaphysik.

> Die Philosophie steht ihrer Natur nach zu allen höhern Bedürfnissen des Menschengemüts in den innigsten Beziehungen – sie hat engste Fühlung mit den idealen Lebensmächten, mit der Religion, der Sittlichkeit, der Kunst. Sie weist den Menschen als Kosmologie auf den Urgrund alles Seienden, als Ethik auf die ideale Lebensgemeinschaft aller denkenden und empfindenden Wesen, als Ästhetik auf das, was den Sinnenmenschen adelt und auch ihn zu einem Mittel idealer Erhebung macht, auf den Wert der ihm zum Grunde liegenden, durch ihn verkörperten Ideen hin.
>
> HEDWIG BENDER:
> *PHILOSOPHIE, METAPHYSIK UND EINZELFORSCHUNG*

Rosa Mayreder

(1858–1938)

Rosa Mayreder wurde in Wien geboren. Ihr Vater war ein reicher Gastwirt. Aufgewachsen ist sie in einem gutbürgerlichen kinderreichen Elternhaus. Sie wurde auf das hin erzogen, was als typisch weiblich galt. Ein wenig Klavierspiel war erlaubt, aber alles, was sich im literarischen oder philosophischen Rahmen bewegte, musste sie sich selbst aneignen. Sie las, was ihr in die Hände kam, und lernte Griechisch und Latein. Sie war sehr musikalisch und begabt in der Malerei. Außerdem schrieb sie von Jugend an bis zu ihrem Tod Tagebuch. Eine höchst vielseitige Person also – auch das etwas, was uns bei den Philosophinnen schon oft begegnet ist. In den 90er-Jahren schloss sich Mayreder dem radikalen Flügel der bürgerlichen Frauenbewegung an. Die Devise lautete »Durch Erkenntnis zu Freiheit und Glück«. Im Ersten Weltkrieg engagierte sich die Philosophin in der Frauenfriedensbewegung. Nachdem ihr Mann, ein Architekt, der jahrelang geisteskrank war, 1935 gestorben war, lebte Mayreder bis zu ihrem Tod 1938 sehr zurückgezogen in Wien.

Mayreders philosophische Hauptwerke sind »Zur Kritik der Weiblichkeit« und »Geschlecht und Kultur«. Es handelt sich hierbei nicht um systematische Abhandlungen, sondern um Essays. Rosa Mayreder hat immer wieder neu angesetzt, um ihre Grundgedanken zu formulieren, und sie tat dies unter einem immer wieder neuen Blickwinkel.

Sie ist der Ansicht, dass all das, was normalerweise als »typisch weiblich« oder »typisch männlich« gilt, lediglich eine kulturelle Normierung ist, die nicht den Anspruch erheben kann, die Natur von Frau und Mann auszumachen. Das Individuum und dessen geistige Entwicklung hat auf jeden Fall einen weit größeren Wert als die geschlechtliche Zu-ordnung. Es gibt für Rosa Mayreder ein »Menschenideal«, das alle zu er-reichen suchen sollen, egal, ob Mann oder Frau. Bei Simone de Beauvoir wird man genau diese Vorstellungen wieder finden.

Hierbei bezieht sich Mayreder auch auf neueste Erkenntnisse aus der Medizin: »Man hat lange im Gehirn den bestimmenden Faktor für die geistigen Geschlechtsunterschiede gesucht und die Merkmale dafür in verschiedenen Anzeichen zu finden geglaubt. Aber heute kann kein Zweifel mehr darüber bestehen, daß die menschlichen Gehirne bloß in-dividuelle und keine geschlechtlichen Unterschiede aufweisen.«

Je stärker das Eigenleben einer Person ausgeprägt ist, desto weniger treten die Geschlechtsmerkmale in den Vordergrund. Man muss in der Lage sein, den durch Konventionen geprägten Blick zu überwinden. »Dass eine weibliche Persönlichkeit anders auf uns wirkt als eine männliche, liegt nicht so sehr in dem, *was* sie ist, sondern *wie* sie ist.«

Dass Mayreder allen Grund hatte, sich intensiv über dieses Thema auszulassen, zeigt eine Schrift, die zu jener Zeit sehr bekannt und viel dis-kutiert war: Otto Weiningers »Geschlecht und Charakter«. Dort schreibt Weininger unter anderem: »... daß auch der tiefststehende Mann noch unendlich hoch über dem höchststehenden Weibe steht«. Man kann ver-muten, dass es Rosa Mayreder bei dieser Aussage gruselte. Als denkende Person konnte sie solch undifferenzierte, diskriminierende Vorstellungen nicht gelten lassen.

Mayreder hat neben philosophischen Schriften auch Gedichte, Ro-mane und sogar ein Libretto geschrieben.

Im Tun und Handeln eines Menschen tritt seine reale Person hervor; in dem, was er über sich selbst denkt und aussagt, sein reflexives Ich, das nur dann, wenn es durch einen gewissen Grad von Einsicht in das primäre Wesen, von Selbsterkenntnis kontrolliert ist, einige Zuverlässigkeit besitzt ... Je weiter der Abstand zwischen der realen Person und dem reflexiven Ich, desto größer die Gefahr der Täuschung. Man kann sagen, die innere und die äußere Harmonie des Lebens ist für den Einzelnen proportional dem Verhältnis, in dem sein reflexives Ich zu seiner realen Person steht.

ROSA MAYREDER: *GESCHLECHT UND KULTUR*

Harriet Martineau

(1802–1876)

Harriet Martineau wurde in Norwich, Norfolkshire, als Tochter eines Tuchfabrikanten geboren. Ihre Eltern waren Unitarier. Diese religiöse Gruppe hält Christus nicht für den Sohn Gottes, sondern für eine besondere Figur der Geschichte, die aufgetreten ist, um die Menschen zu einem guten Leben anzuleiten. Ihre Haltung Frauen gegenüber ist eher konservativ.

Harriet Martineau erhielt eine ausgewogene Bildung. Sie war ein sehr schwächliches Mädchen, das mit elf Jahren bereits Anzeichen einer beginnenden Taubheit zeigte. Deshalb bekam sie vor allem Privatunterricht. Die Mutter Martineaus war besonders an der intellektuellen Schulung der Tochter interessiert und diskutierte stundenlang philosophische Probleme mit ihr. Im Jahr 1834 reiste Martineau für zwei Jahre nach Amerika und war schon bald eine entschiedene Gegnerin der Sklaverei. Das Reisen war für sie wichtig, weil sie der Meinung war, man müsse die verschiedenen Menschengruppen und ihre Sitten kennenlernen. Unterbrechen musste sie diese Reisen immer wieder wegen ihrer schwächlichen Konstitution. In diesen Ruhezeiten schrieb sie ihre Artikel, allein 1600 für die »Daily News«. Später verfasste sie auch ihre dreibändige Autobiografie. Martineau war bis zu ihrem Tod eine viel beachtete Person des öffentlichen Lebens.

Ab 1827 veröffentlichte Martineau Artikel in Zeitungen, zunächst in der unitarischen Zeitung »Monthly Repository«. Sie war stark interessiert an religiösen Fragen, wobei sie metaphysische Spekulationen mied und sich auf das beschränkte, was ihr fassbar erschien.

Das bekannteste Buch von Martineau ist die 1831 erschienene Schrift »Illustrations of Political Economy«. Sie versucht, darin klarzumachen, dass mangelnde Bildung Kriminalität im Geschäftsleben fördere, dass dies aber von den wenigsten Ökonomen verstanden werde.

Eine wichtige Aufgabe misst sie dem Reisen zu: Vorurteile würden so am besten abgebaut, und man komme zu einem freieren Urteil. Der Verstand muss sich für diese Aufgabe beständig in Form halten. So ist verständlich, dass Martineaus philosophisches Hauptthema die Urteilskraft ist, das heißt die Fähigkeit, die es uns ermöglicht, zu einem wohlüberlegten, verantwortungsvollen Handeln zu kommen. »Um durch die Augen der Urteilskraft zu sehen, müssen diese Augen stark und klar sein; und ein Reisender kann mehr erreichen ohne die körperlichen Organe als mit einem untrainierten Verstand.« In der Beurteilung verschiedener Völker und deren Lebensvorstellungen ist es von entscheidender Wichtigkeit, all das, was man an Vorurteilen mitbringt, noch einmal kritisch zu prüfen, bevor man in ein fremdes Land reist.

Durch ihre Artikel in Zeitungen haben Martineaus Gedanken eine breite Öffentlichkeit erreicht. Philosophie und Gesellschaftswissenschaft waren bei ihr nicht getrennt. Die Urteilskraft sah sie als wichtigstes geistiges Vermögen des Menschen an. Ausgehend von den Fakten soll der Mensch in seinem Denken zu Ergebnissen kommen, die sich praktisch umsetzen lassen.

Die üblichen Einflüsse, unter denen universelle Ideen und Mei-
nungen von richtig und falsch geformt werden, sind eingeteilt
durch die Voraussicht, mit der wir alle erzogen sind. Dass der
Mensch glücklich sein solle, ist offensichtlich in der Absicht des
Schöpfers, die Pläne dafür sind so zahlreich und auffallend, dass
die Wahrnehmung dieses Zieles universal genannt werden kann.
Was immer darauf abzielt, den Menschen glücklich zu machen,
ist die Erfüllung des göttlichen Willens. Doch es gibt, und muss
geben, ein Heer von Hindernissen zu diesen großen Prinzipien,
dem deutlichen Erkennen von und dem praktischen Gehorsam
für; aber sie können als die Wurzel von Religion und Moral in allen
Ländern gesehen werden.

HARRIET MARTINEAU:
WIE MAN SITTEN UND GEBRÄUCHE BEOBACHTET

Mary Whiton Calkins

(1863–1930)

Ihre Kindheit verlebte Mary Whiton Calkins in Buffalo, später lebte sie in Newton, Massachusetts. Studentinnen gab es bis in die 1880er-Jahre in den USA nicht. Calkins durfte aufgrund einer Ausnahmegenehmigung studieren, wurde jedoch trotz ihrer außergewöhnlichen Begabung zur Promotion nicht zugelassen. Sie unterrichtete 42 Jahre lang Philosophie und Psychologie am Wellesley College im Staat Massachusetts. Calkins war außerdem als erste Frau Präsidentin der »American Philosophical Association«. Mit 67 Jahren starb sie an Krebs.

Calkins' Hauptwerk heißt »The Persistant Problems of Philosophy«. Das lässt sich so übersetzen: »Die bleibenden Probleme der Philosophie«. Nach Calkins' Ansicht haben sich die Fragen, um die es der Philosophie geht, jahrtausendlang nicht groß verändert, höchstens die Herangehensweise. Das Buch kann als grundlegende Einführung in die Philosophie gelten. Es erfreute sich großer Beliebtheit und wurde fünfmal aufgelegt, zum ersten Mal im Jahr 1907.

Das Hauptthema in Calkins' Philosophie ist die Person beziehungsweise das Selbst. Sie untersuchte das Traumbewusstsein, die Gedächtnisleistung, das Bewusstsein von Raum und Zeit.

Jede Erfahrung ist eine persönliche, bei der das Selbst beteiligt ist. Und so kommt Calkins zu dem Schluss, der Grund allen Lebens müsse so etwas wie ein »absolutes Selbst« sein. Wie für alle Denkerinnen ihrer Zeit ist es für Calkins offensichtlich, dass die Person etwas ganz Zentrales ist, um das die Philosophie nicht herumkommt. Gleichzeitig wollte sie sich aber mit dem bloß Relativen, zeitlich und räumlich Begrenzten nicht zufriedengeben. In Abgrenzung zu diesem absoluten Selbst, das unbegrenzt ist, ist das individuelle, endliche und begrenzte Selbst zu verstehen. Fast fühlt man sich an die Antike erinnert. Die absolute Idee des Schönen und Guten von Aspasia und Platon ist zum absoluten Selbst geworden. Die vielen individuellen Personen sind Abbilder des absoluten Selbst. In der Tat zeigt sich, dass die Frage nach dem Verhältnis des sinnlich Erfahrbaren zum Absoluten das Denken noch immer beschäftigt.

Zum individuellen Selbst aber gehört immer auch das dazu, was es als »Gehalt« innerhalb des Bewusstseins erlebt. Das heißt, dass unser Bewusstsein niemals leer ist, sondern immer eine Sache hat, womit es gerade beschäftigt ist. Das lässt sich leicht verstehen, ist es doch für uns fast unmöglich, einmal an »nichts« zu denken.

Um das absolute Selbst zu erfahren, ist keine Religion vonnöten, so die Ansicht der Philosophin. Sie meint, man könne das All-Eine-Selbst unmittelbar erleben.

Calkins hat sich außerdem auf dem Gebiet der Ethik bewegt. Auch das richtige Handeln unterliegt der Entscheidung des Selbst, dem ein freier Wille zu eigen ist. Der Mensch ist selbst verantwortlich für sein Tun. Als hilfreich erweist sich hierbei die Beschäftigung mit der Philosophie, die erzieherische Funktionen hat. Es geht nicht darum, ein starkes Ego zu entwickeln, sondern sich dessen bewusst zu werden, dass man in der Welt moralische Aufgaben zu erfüllen hat. Calkins selbst ist mit gutem Beispiel vorangegangen, indem sie beispielsweise für die Verbesserung der Staatsbürgerrechte kämpfte und sich für eine Lösung sozialer Probleme einsetzte.

Das Universum ist ein alles umfassendes »Absolutes Selbst«, dem alle anderen Selbste als echte und identische Teile zugehören.

Die Bestimmung des individuellen Selbst erfolgt in Abgrenzung zum »Absoluten Selbst«.

Das individuelle ist ein endliches, soziales und bewusstes und damit freies Selbst.

MARY WHITON CALKINS:

DER PHILOSOPHISCHE GLAUBE AN EINE ABSOLUTE PERSONALITÄT

Denken und Handeln: Die Philosophie des 20. Jahrhunderts

Wie vielfältig die Denkformen von Philosophinnen sein können, hat sich bereits gezeigt. Und auch thematisch sind alle bisher porträtierten Denkerinnen sehr breit aufgestellt. Wir sind fast schon in der Gegenwart angekommen. All das, was im 19. Jahrhundert und vorher in der Romantik an Tendenzen innerhalb der Philosophie ausprobiert wurde, hat sich im 20. Jahrhundert weiterentwickelt. Die Gerechtigkeitsfrage blieb brisant. Die Abkehr von den großen geschlossenen Systemen hielt an. Offene Formen des Philosophierens wurden bevorzugt. Dass Philosophie und Einzelwissenschaften, Philosophie und Literatur einander berühren und befruchten, war mittlerweile Konsens. Der Mensch in seiner Alltäglichkeit wurde noch stärker in den Blick genommen. Die Sicht auf Politik und Gesellschaft wurde intensiviert. Das Verhältnis von Philosophie und Wissenschaft stand weiterhin als Frage im Raum. Eine immer wichtigere Rolle begann die Sprache zu spielen. So zeigt die Philosophie in der ersten Hälfte des 20. Jahrhunderts ein vielfältiges Gesicht. In einer Zeit großer wirtschaftlicher Unsicherheit, geprägt vom Schrecken des Ersten Weltkriegs, hatten die Menschen Ängste und viele offene Fragen. Philosophinnen haben sich diesen Fragen in aller Konsequenz und einem beherzten denkerischen Zugriff gestellt.

Hedwig Conrad-Martius

(1888–1966)

Hedwig Conrad-Martius wurde in Berlin geboren. Bereits mit 15 Jahren war ihr klar, dass sie studieren wollte. Ihr Vater war Medizinprofessor und förderte seine Tochter sehr. Zum 16. Geburtstag schenkte er ihr Kants »Kritik der reinen Vernunft«, eine eher ungewöhnliche Lektüre für ein junges Mädchen. Conrad-Martius studierte Literatur in Rostock und in Freiburg, wo ihr blitzartig klar wurde, dass ihr Schwerpunkt auf der Philosophie zu liegen habe. Die nächsten Stationen waren München und Göttingen. Das Ziel war die Habilitation. Dies verhinderten jedoch der Erste Weltkrieg und die schwierige wirtschaftliche Nachkriegssituation. Nachdem Conrad-Martius 1930 wieder mit der Arbeit vorankam, vereitelten die Nazis ihre Pläne. Sie hatten ihren jüdischen Großvater ermittelt und schlossen die Philosophin aus der Reichsschrifttumskammer aus. Zum Glück hatte sie viele Freunde und Gesprächspartner, was ihr über die schwere Zeit hinweghalf. Sie veröffentlichte zahlreiche Schriften zur Philosophie und erhielt 1949 einen Lehrauftrag an der Universität München. Mit ihrem Mann und einer Adoptivtochter lebte sie am Starnberger See, wo sie 1966 starb.

Der wichtigste Lehrer Conrad-Martius' war Edmund Husserl. Seinetwegen war sie nach Göttingen gegangen. Husserl war der Begründer einer besonderen philosophischen Schule, der Phänomenologie. Sein methodischer Ansatz lautete: »Zu den Sachen selbst«. Conrad-Martius nannte diese Methode »Sachbesessenheit«. Das Wort Phänomen kommt vom griechischen »phainomenon« und heißt wörtlich übersetzt: das Erscheinende. Alles, was ist, erscheint uns Menschen auf eine bestimmte

Weise. Husserl hat es sich zur Aufgabe gemacht, sich all diesen Erscheinungen oder »Sachen« möglichst vorurteilslos zu nähern. Die Phänomenologie ist eine Denkungsart, die es sich zur Aufgabe gemacht hat, den Dingen nicht etwas aufzudrücken, sondern ihnen etwas abzulauschen. Das gilt für die verschiedensten Bereiche. Nehmen wir zum Beispiel die Geschichte. Wie schwer ist es doch, sich beispielsweise Napoleon vorurteilslos zuzuwenden und ihn so zu verstehen, wie er wirklich war. Jeder andere Mensch, jedes Ding aus unserer näheren und weiteren Umgebung ist ein Phänomen, etwas, was erscheint. Unser Bewusstsein ist ja immer erfüllt von irgendeinem »phänomenalen« Inhalt. Diese Inhalte stehen im Mittelpunkt von Husserls Forschung. Sie stehen zur Diskussion. Von Husserls Faszination durch die Phänomene ließ sich Conrad-Martius mitreißen. In der Phänomenologie fand sie ihre philosophische Heimat.

Das Sein der Dinge will sie erforschen, das Wesen der realen Welt. Ihre Philosophie soll »Wesenswissenschaft« sein.

Vielleicht ist es gerade der rasante Fortschritt der Technik gewesen, der ein solches Denken neu gefordert hat. Die Technik geht aus von der Beherrschbarkeit der Wirklichkeit, von ihrer Verwandlung in automatische, durchschaubare Abläufe. Aber wie steht es mit der Wirklichkeit an sich, ohne Einwirkung durch den Menschen? Alles, was ist, so sagt Conrad-Martius, hat für sich ein Wesen. Dadurch unterscheidet sich eine Sache von der anderen, ein Mensch vom anderen. »Wir fragen, was eine Realität, wenn sie sich faktisch vorfindet oder auch nur als vorgefunden gedacht werden mag, zu einer solchen an sich selbst macht oder machen würde.« Ein Gegenstand wird untersucht und soll innerhalb dieser Untersuchung sein Wesen freilegen. Ein anderes Wort für Wesen ist Sein. Alles Seiende, also alles, was überhaupt ist, hat einen tieferen Grund, ein Sein. So stellt es sich die Denkerin vor.

Conrad-Martius richtet den philosophischen Blick aber noch auf ein anderes Thema, auf eines, das für die Philosophiegeschichte insgesamt zu den zentralen Problemen gehört: die Zeit. Schon Aristoteles und vor allem der frühmittelalterliche Philosoph Augustinus haben sich intensiv mit dem Phänomen Zeit auseinandergesetzt. Im sechsten Buch seiner

»Confessiones« stellt Augustinus die entscheidende Frage: »Quid est enim tempus?« Auf Deutsch: Was aber ist die Zeit?

Obwohl wir die Zeit messen können, ist sie dennoch unfassbar für uns. Sie gleitet vorbei. Die Gegenwart oder Jetzt-Zeit können wir am allerwenigsten greifen. Immer dann, wenn wir uns der Gegenwart bewusst sind, ist sie auch schon wieder vorbei, also Vergangenheit. Conrad-Martius sagt aber, es gebe eine Art »fixe« Gegenwart, die sich mit der vorüberfließenden Gegenwart verbinde. Vergangenheit und Zukunft begegnen sich in dieser fixen blitzartigen Gegenwart und werden dadurch für uns erlebbar. Wir erleben ja nur Gegenwart, und das, obwohl es eigentlich unmöglich ist. Die Gegenwart ist die Stelle, an der Vergangenheit und Zukunft aufeinandertreffen.

Eingebettet ist aber alles, die Zeit und das Leben insgesamt, für Conrad-Martius in eine überräumliche und überzeitliche Realität, und das ist in ihrer Philosophie Gott. Gott hat den allerhöchsten Wirklichkeitsgrad, und dieser ist unabhängig von Raum und Zeit.

Conrad-Martius' Hauptwerk, »Das Sein«, konnte erst im Jahr 1957 erscheinen. Ein Jahr später folgte »Der Raum«, nachdem »Die Zeit« bereits 1954 erschienen war. Conrad-Martius wurde auch bekannt durch Vorträge und Artikel in Zeitschriften.

> Es ist nicht überflüssig, immer aufs Neue ganz von vorne anzufangen. Die »erste Philosophie« hatte nach Aristoteles als Objekt das Seiende als *Seiendes*. Das heißt aber: das Seiende nicht, sofern es dies oder jenes ist, sondern insofern es eben ein Seiendes ist, das Seiende also nach seinem Sein.
>
> HEDWIG CONRAD-MARTIUS: *DAS SEIN*

Edith Stein

(1891–1942)

Edith Stein wurde in eine streng jüdische Familie hineingeboren. Ihr Geburtsort war Breslau. Der Vater starb, als das Mädchen zehn Jahre alt war. Die Mutter feierte mit den Kindern alle jüdischen Feste und hielt viel von einem ausgeglichenen Alltag. Sie stand mit beiden Beinen auf dem Boden und packte an, wo es nötig war. Nach dem Tod ihres Mannes führte sie dessen Holzhandel weiter. Sie war, ganz im Gegensatz zu ihrer jüngsten Tochter, überhaupt nicht intellektuell ausgerichtet.

Edith Stein war von Kindheit an sehr eigenwillig. Nach dem Abitur studierte sie Germanistik und Geschichte mit dem Ziel, Lehrerin zu werden. Man musste einen Brotberuf haben, das war ihr klar. Ihr Lieblingsfach war aber Philosophie. Zunächst konnte sie es nur nebenbei studieren, ging aber trotzdem 1913 zu Edmund Husserl nach Göttingen. Wie Hedwig Conrad-Martius, mit der sie befreundet war, war auch Edith Stein fasziniert von der Phänomenologie, wollte auch sie mit ihrem Denken »zu den Sachen selbst« kommen. Daneben bewunderte sie auch die starke Persönlichkeit Husserls. Er ließ sich von niemandem hineinreden, hatte seinen Standpunkt. Bald schon war Edith Stein klar: Nur das Staatsexamen würde ihr nicht genügen, sie wollte promovieren, und zwar bei Professor Husserl persönlich. Ein Thema hatte sie auch schon: Das Problem der Einfühlung. Husserl stimmte zu, und Stein arbeitete Tag und Nacht.

Im Jahr 1916 war Stein fertig mit dem Doktorexamen. Sie erhielt die beste Note: summa cum laude. Das war ein Riesenerfolg, und hinzu kam, dass sie jetzt Assistentin beim »Meister« wurde. Husserl hatte die Eigenheit, seine Texte in der sogenannten Gabelsberger Kurzschrift zu verfassen. Die hatte Edith Stein zu entziffern und so die Texte für jedermann zugänglich zu machen. Eine zeitaufwendige Arbeit! Damit konnte Edith Stein nicht zufrieden sein. Sie wäre so gern selbst Professorin geworden, aber ihr Lehrer Husserl war wie die meisten anderen Professoren der Meinung, das »schicke sich nicht für Damen«. Das Weiblichkeitsideal war noch immer die häusliche Frau, nicht die Wissenschaftlerin. Stein protestierte sogar beim Preußischen Ministerium für Wissenschaft, Kunst und Erziehung, hatte damit aber keinen Erfolg. Sie gab im Jahr 1918 die erniedrigende Arbeit bei Husserl auf und begann wieder verstärkt mit eigenen philosophischen Forschungen. Mit Hedwig Conrad-Martius traf sie sich oft. Die beiden besprachen philosophische, aber auch religiöse Fragen.

Im Jahr 1922 trat Edith Stein zum katholischen Glauben über. Offensichtlich hatte sie für sich eine Gemeinschaft gefunden. Überraschend war diese Entscheidung nicht. Stein hatte sich intensiv mit Teresa von Avila und Thomas von Aquin beschäftigt.

Neben ihren philosophischen Studien unterrichtete sie in Speyer an einer Mädchenschule. Im Jahr 1931 allerdings gab sie diese Tätigkeit auf, um sich noch einmal ganz der Philosophie zu widmen. Immer ernster nahm sie das strenge Denken: »Es ist dabei nicht an eine Analogie mit irgendeiner anderen Wissenschaft zu denken. Es bedeutet nur, daß Philosophie keine Sache des Gefühls und der Phantasie, der hochfliegenden Schwärmerei oder auch der persönlichen Ansicht, sozusagen Geschmackssache ist, sondern eine Sache der ernst und nüchtern forschenden Vernunft.« Edith Steins streng forschende Vernunft bemühte sich immer stärker auch um eine denkerische Auseinandersetzung mit der Religion. Als Jüdin war sie Diskriminierungen ausgesetzt, und an eine Lehrtätigkeit war nicht mehr zu denken. So entschloss sich die Philosophin 1933, in den Karmeliterinnenorden in Köln einzutreten. Ihre Familie konnte dies überhaupt nicht verstehen: Wie konnte man als Jüdin in einer Zeit heftiger Judenverfolgung in ein katholisches Kloster eintreten? Edith Stein vergaß aber ihr Volk keineswegs. Sie versuchte sogar, eine

Audienz bei Papst Pius XI. zu bekommen, um ihn dazu zu bewegen, Hitler entgegenzutreten. Sie hatte allerdings keinen Erfolg. Es sah düster aus in Edith Steins Innerem. Die Philosophie aber gab sie niemals auf.

Die Judenverfolgung machte auch vor den Mauern des Klosters nicht halt. Nachdem Edith Stein 1938 in ein Karmeliterinnenkloster nach Holland geflohen war, wurde sie im Sommer 1942 auch dort aufgespürt. Mit ihrer Schwester zusammen wurde sie in Auschwitz ermordet.

In ihrer Dissertation hat sich Edith Stein mit dem Thema »Einfühlung« auseinandergesetzt. Ihre Grundfrage lautete: Wie erkenne ich den anderen Menschen und mich selbst? Dabei spielt der Körper in ihren Augen eine große Rolle. Mimik und Gestik helfen dabei, zu verstehen, wer jemand ist und was seine Motive sind. Zum Beispiel kann man einem Menschen ansehen, ob er sich schämt, auch wenn er das nicht zugibt. Die Röte im Gesicht spricht eine eigene Sprache. Interessant ist auch, dass Edith Stein das Thema ausweitet auf Personen, die nicht leibhaftig vor einem stehen. Zum Beispiel stellt sich die Frage, wie ich eine historische Person erkennen kann. Nach Edith Stein geht das auch nur durch ein gehöriges Maß an Einfühlung. Rein über Fakten lässt sich eine vergangene Epoche nicht vergegenwärtigen. Hierzu bedarf es der Einfühlung in die handelnden Personen, die damals lebten.

Ein zweites Thema, das Edith Stein beschäftigte, war der Unterschied zwischen Gesellschaft und Gemeinschaft. »Wo eine Person der anderen als *Subjekt* dem *Objekt* gegenübertritt, sie erforscht und aufgrund der gewonnenen Erkenntnis planmäßig ›behandelt‹, und ihr beabsichtigte Wirkungen entlockt, da leben sie in *Gesellschaft* zusammen. Wo dagegen ein Subjekt das andere *als Subjekt* hinnimmt und ihm nicht gegenübersteht, sondern *mit ihm lebt,* da bilden sie miteinander eine *Gemeinschaft.*« Edith Stein entwickelt damit ein sehr negatives Bild der Gesellschaft. Hier nimmt ihrer Meinung nach der eine Mensch den anderen nicht wirklich als Person ernst, sondern behandelt ihn, als sei er eine Sache, ein Ding. Die Gemeinschaft ist in Edith Steins Augen höher zu bewerten als die Gesellschaft, weil jeder Einzelne als Person ernst genommen wird und die Gemeinsamkeit zählt. Die Gemeinschaft, die am höchsten steht, ist diejenige, die aus lauter freien Mitgliedern besteht und aus einem inneren Beweggrund oder Lebenssinn heraus zusammenhält.

Auch nachdem Edith Stein ins Kloster eingetreten war, blieben die Grundthemen ihres Philosophierens bestehen: das Bewusstsein des Menschen, die Einfühlung und das Gemeinschaftsleben.

Der Begriff der Einfühlung wurde erweitert in Richtung Glauben. Nicht nur muss ein Mensch sich in einen anderen Menschen einfühlen können, sondern auch eine Einfühlung in das Leben und Sterben Jesu ist möglich. Edith Stein bettete nun ihre Philosophie in die Theologie ein.

Der Mensch ist ein »Geworfener«, das heißt, er findet sich in der Welt vor und hat nun seiner Geworfenheit eine Aktivität entgegenzusetzen. Der Ausdruck »Geworfenheit« war nicht nur für Edith Stein wichtig, sondern findet sich auch im Denken von Jean-Paul Sartre (1905–1980) und Martin Heidegger (1889–1976) wieder. Für diese beiden Denker, die uns auch später noch begegnen werden, ist die nackte Tatsache des Geborenseins, die pure Existenz, das Erste, was Menschen wahrnehmen. Dafür haben sie wie Edith Stein den Begriff »Geworfenheit« verwendet. Der Mensch, der dieses »Geworfensein« akzeptiert, beginnt, nachzudenken und einen Sinn für sein Leben zu suchen. Wir wissen zunächst einmal nicht, wie wir in diese Welt gekommen sind und wozu das überhaupt gut sein könnte. Edith Stein ist davon überzeugt, dass die Menschen diesen Sinn nicht allein in sich selbst finden können. Sie brauchen Gott. Ihre Gedanken zu der Beziehung zwischen Mensch und Gott hat Edith Stein in dem Buch »Endliches und ewiges Sein« niedergelegt, das allerdings erst 1950 veröffentlicht werden konnte.

Edith Stein hat versucht, modernes Denken mit der Lehre des christlichen Glaubens zu verbinden. Der freie Mensch, der sich zunächst allein und nur auf sich bezogen in dieser Welt vorfindet, schafft sich Bezüge. Er sucht die Gemeinschaft mit anderen Menschen, und er sucht die Gemeinschaft mit Gott. Ohne diese Urgemeinschaft hat nichts einen Sinn. Der einzelne Mensch bleibt keine einsame Insel, kein für sich stehendes

Subjekt, sondern sucht die Verbindung mit anderen Subjekten. Die Verbindung aber, die den Urgrund des Lebens ausmacht, ist die zu Gott. Ohne sie bleibt man entwurzelt und einsam.

Denn der unleugbaren Tatsache, daß mein Sein ein flüchtiges, von Augenblick zu Augenblick gefristetes und der Möglichkeit des Nichtseins ausgesetztes ist, entspricht die andere ebenso unleugbare Tatsache, daß ich trotz dieser Flüchtigkeit bin und von Augenblick zu Augenblick im Sein erhalten werde und in meinem flüchtigen Sein ein dauerndes umfasse. Ich weiß mich gehalten und habe darin Ruhe und Sicherheit – nicht die selbstgewisse Sicherheit des Mannes, der in eigener Kraft auf festem Boden steht, aber die süße und selige Sicherheit des Kindes, das von einem starken Arm getragen wird – eine, sachlich betrachtet, nicht weniger vernünftige Sicherheit ... Ich stoße also in meinem Sein auf ein anderes, das nicht meines ist, sondern Halt und Grund meines in sich haltlosen Seins.

EDITH STEIN: *ENDLICHES UND EWIGES SEIN*

Simone Weil

(1909–1943)

Simone Weil wurde am 3. Februar in Paris in eine jüdische Arztfamilie hineingeboren. Die jüdische Tradition wurde ihr jedoch nicht vertraut gemacht. Simone Weil hatte einen sehr engen Kontakt zu ihrem drei Jahre älteren Bruder André, der sie schon früh in die Welt der Zahlen und der Märchen einführte. Wie Edith Stein war auch sie von Jugend an eine radikal denkende und intensiv lebende Person. Bescheiden bis zur Selbstkasteiung, verzichtete diese Denkerin auf alles, was auch nur den leisesten Anschein von Luxus gehabt hätte.

Mit 14 Jahren kam sie in eine Lebenskrise, in der sich die Frage nach einem sinnvollen Leben vehement stellte und die sie bis zu ihrem Tod nicht mehr verlassen sollte. Sie fragte sich, wo der richtige Weg zu einem sinnerfüllten Leben liegen könnte.

Philosophie und Mathematik waren ihre Lieblingsfächer. Sie hatte ein Faible für schwierige mathematische Aufgaben und verband die Strenge dieses Denkens mit dem Wunsch, über die Welt und sich etwas zu erfahren. Am rigorosesten war sie mit der eigenen Person, und ihre Freunde nannten sie den »kategorischen Imperativ im Unterrock«. So mit sich selbst umgehen, wie man es von allen Menschen fordere, lautet Immanuel Kants kategorischer Imperativ. Was man selbst tut, muss so getan werden, dass es als allgemeines Gesetz für alle gelten könnte. Genau passend für Simone Weil! Die Freunde hatten sie ganz gut durchschaut. Niemals würde sie einfach in den Tag hineinleben, niemals einfach etwas genießen, sich einem schlichten Gefühl hingeben. Immer würde sie mit Ernst bei der Sache sein.

Ein bedeutendes Erlebnis war für die Denkerin die Begegnung mit Emile Chartier, genannt Alain, einem Gymnasiallehrer, der ihre große Begabung erkannte und sie förderte. Sie war 16 Jahre alt und nahm begierig alles auf, was mit Philosophie zu tun hatte. Chartier war Atheist und der Meinung, der Atheismus sei der eigentliche Weg zu Gott. Wer nicht an Gott glaube, der suche viel intensiver. Ein weiter Weg sei zu gehen: Das kam Simone Weil entgegen.

Durch ihre schwächliche Konstitution war sie immer isoliert von den anderen, und das verstärkte die Neigung, sich zurückzuziehen, zu arbeiten, nachzudenken.

Wie Edith Stein war auch Simone Weil Lehrerin. Aber anders als ihre philosophische Kollegin trat sie sehr früh schon politisch in Erscheinung. Sie nahm sich der Unterprivilegierten an, und man nannte sie schon bald »La Vierge Rouge«, die »Rote Jungfrau«.

Die Philosophie von Simone Weil war von Anfang an sehr stark auf die Praxis hin orientiert. In den Ferien arbeitete sie auf Bauernhöfen, sie ging in die Fabrik, um am eigenen Leib zu erfahren, was es heißt, Tag für Tag an einer Maschine zu stehen und die gleiche Arbeit zu verrichten, ohne die Perspektive einer Änderung. Simone Weil knüpfte Kontakte zu den Gewerkschaften, und zwar zu deren kommunistischem Flügel.

Als Lehrerin legte Weil großen Wert darauf, ihre Schülerinnen zu eigenständigem Denken anzuleiten. Sie mussten kleine Aufsätze zu den unterschiedlichsten Themen verfassen.

Im Jahr 1934 bat Weil den Unterrichtsminister darum, für ein Jahr beurlaubt zu werden. Sie begann mit der Arbeit in einer Fabrik und schrieb ein »Fabriktagebuch«. »Ungeachtet meiner Müdigkeit habe ich nach der Arbeit ein überaus starkes Bedürfnis nach frischer Luft. Ich gehe zu Fuß an die Seine. Dort setze ich mich ans Ufer auf einen Stein, trübsinnig, ausgelaugt, das Herz von ohnmächtigem Zorn erfüllt, mit dem Gefühl, meiner ganzen Lebenssubstanz entleert zu sein. Ich frage mich, ob ich, sollte ich für immer zu dieser Art Leben verurteilt sein, täglich die Seine überqueren könnte, ohne mich eines Tages hinunterzustürzen.«

Nach der aufreibenden Fabrikarbeit machte Simone Weil mit ihren

Eltern Urlaub in Portugal. Dort hatte sie ihr Urerlebnis mit dem Christentum: »In einem körperlich elenden Zustand betrat ich eines Abends jenes kleine portugiesische Dorf, das ach! auch recht elend war; allein, bei Vollmond, eben am Tage des Patronatsfestes. Es war am Ufer des Meeres. Die Frauen der Fischer zogen, mit Kerzen in den Händen, in einer Prozession um die Boote und sangen gewiss sehr altüberlieferte Gesänge, von einer herzzerreißenden Traurigkeit. Nichts kann davon eine rechte Vorstellung vermitteln. Niemals habe ich etwas so Ergreifendes gehört, außer dem Gesang der Wolgaschlepper. Dort hatte ich plötzlich die Gewissheit, daß das Christentum vorzüglich die Religion der Sklaven ist, und daß die Sklaven nicht anders können als ihm anhängen, und ich unter den übrigen.«

Dieses Erlebnis bedingte nun aber nicht, dass Simone Weil sich aus der Welt zurückzog, im Gegenteil. Ihr Kampf um Gerechtigkeit ging weiter. Sie schrieb politische Artikel und nahm auch ihre Tätigkeit als Philosophielehrerin wieder auf. Sie dachte noch immer über eine mögliche revolutionäre Veränderung der Gesellschaft nach, kam aber schließlich zu dem Ergebnis, dass ein langsamer Weg der Veränderung realistischer wäre. Typisch für Simone Weil ist die permanente Überprüfung der Gedanken an der Wirklichkeit. Sie war Realistin und Idealistin in einem.

Im Jahr 1940, nach dem Angiff Deutschlands, floh Weil, die sich als Pazifistin verstand, zunächst mit den Eltern nach Vichy. Die Philosophin wollte aber weiter, nach England, um sich dort der französischen antifaschistischen Bewegung anzuschließen. Eine Einreise war aber nicht möglich. Die Familie ging nach Marseille, wo Simone Weil Leute traf, mit denen sie Gespräche über philosophische und religiöse Fragen führen konnte. Sie lernte den Dominikanerpater Perrin kennen, eine ungemein wichtige Begegnung. Zum Katholizismus trat Weil allerdings nie über.

Die Lebensweise der Denkerin hatte sich inzwischen noch viel stärker in Richtung auf eine totale Bedürfnislosigkeit entwickelt. Sie schlief nur noch auf dem Boden und ernährte sich sehr mangelhaft. Sie wollte nicht mehr haben als die Ärmsten. In dieser Zeit schrieb sie intensiv an ihrem philosophischen Hauptwerk »Das Unglück und die Gottesliebe«.

Im Jahr 1942 wanderten Simone Weil und ihre Eltern in die USA aus.

Sie war aber nicht zufrieden. Noch immer war ihr Ziel England. Schließlich schaffte sie es durch Freunde, doch nach Liverpool zu kommen. Sie arbeitete außerordentlich hart. Sie analysierte Texte von Widerstandskämpfern, schrieb an ihrem eigenen Werk weiter und überlegte, was sie praktisch noch tun könnte.

Simone Weil verzehrte sich selbst. Sie schlief nicht mehr als drei Stunden pro Nacht, aß nur sehr wenig und arbeitete bis zur völligen Erschöpfung. Sie starb am 24. August 1943 an Herzversagen aus Schwäche.

Simone Weils denkerischer Weg war stets begleitet von vielfältigen Erfahrungen in der Praxis. Nachdem sie in der Fabrik gearbeitet hatte, begann sie, intensiv über das Wesen der menschlichen Würde nachzudenken. Was sie an Erniedrigung bei den Arbeitern gesehen hatte, ließ sie nicht mehr los. Wie können sie diese Situation ertragen und dennoch eine Form der Freiheit in sich entwickeln?

In Weils Augen sind die Arbeiter entwurzelt. Der Begriff Entwurzelung ist ihrer Meinung nach radikaler als das Wort Entfremdung, das Karl Marx in Bezug auf die Arbeiter verwendete. Die Kritik an Marx schlug sich in zwei Aufsätzen nieder: »Gehen wir einer proletarischen Revolution entgegen?« und »Über die Ursachen der Freiheit und sozialen Unterdrückung«.

Gegen die von Simone Weil erkannte Entwurzelung hilft nur eine neue Einwurzelung. Ein erster Schritt ist eine Fähigkeit, die jeder Mensch mit sich bringt: das Denken. »Dennoch kann nichts auf der Welt das Gefühl des Menschen verhindern, für die Freiheit geboren zu sein. Niemals, was auch geschehen mag, kann er die Knechtschaft ertragen; denn er denkt.« Zunächst ist sich die Philosophin aber noch nicht klar darüber, wie die Einwurzelung geschehen könnte. Erst nachdem sie in Portugal die intensive Begegnung mit dem Christentum hatte, war ihr deutlich geworden, wo die Antwort auf diese Frage liegen könnte. Der Titel ihres Buches »Das Unglück und die Gottesliebe« weist bereits darauf hin. Weils These ist, dass erst im tiefen Unglück die Möglichkeit besteht, Gott aus der Ferne herankommen zu sehen. Damit wird der Weg frei gemacht für eine neue Einwurzelung. Der Boden, in dem dieses geschehen kann, ist Gott. Dazu ist aber auch notwendig, dass der Mensch seine Ich-Bezogenheit überwindet. Er muss ganz leer sein, um sich auf Gott konzentrieren zu können. Dann wird noch eine zweite Sache wichtig: Aufmerksamkeit. »Die Aufmerksamkeit ist die seltenste und reinste Form des Großmuts. Es ist sehr wenigen Geistern gegeben zu entdecken, daß die Dinge und die Lebewesen existieren. Seit meiner Kindheit wünsche ich nichts anderes, als vor meinem Tod diese völlige Offenbarung bekommen zu haben.« Die pure Existenz zu erfahren, das scheint in der Tat ganz und gar nichts Selbstverständliches zu sein. Wir machen uns das bloß sehr selten bewusst. Dass etwas existiert, erscheint uns normal, wir denken nicht weiter darüber nach. Für Simone Weil ist dieses Natürlichste der Welt das Allerseltsamste. Um die Existenz wahrnehmen zu können, müssen wir unsere Aufmerksamkeit schulen.

Simone Weil richtete den Blick nach außen und nach innen. Aufmerksamkeit betrifft sowohl das Herz des Menschen wie auch die Welt. Sosehr sie sich in ihren späteren Jahren auch der Mystik zuwandte, ihr soziales und politisches Engagement und die Wachheit den gesellschaftlichen Dingen gegenüber nahmen nie ab. Ein spirituelles Leben hat sich in der Alltagsrealität zu bewähren, so ihre Meinung.

Es ist leicht, zu sagen, diese Frau mit ihren hohen Ansprüchen und der übergroßen Härte sich selbst gegenüber sei verrückt gewesen. Wer weiß, vielleicht hätte sie es ohne diese Prise Verrücktheit nicht geschafft, so vieles in ihrem Leben zu verbinden. Sie war eine der wenigen Persönlichkeiten der Philosophiegeschichte, bei denen sich Theorie und Praxis völlig die Waage gehalten haben. Simone Weil hat immer versucht, alles zusammenzudenken, nichts außer Acht zu lassen, die Ethik war stets ihr Hauptanliegen. In Bezügen zu leben, das erschien ihr das Wesen des Menschen auszumachen. Hierin war sie eine Verwandte von Edith Stein. Was jene »Einfühlung« nannte, hat diese als »Einwurzelung« bezeichnet. Und so heißt auch das Hauptwerk, das 1942/43 entstand, »Einwurzelung«. Beide Denkerinnen hatten damit einen ganz ähnlichen Ansatz wie zwei berühmte Philosophen ihrer Zeit: Heidegger und Husserl. Wie diese gingen sie nicht mehr von einem starken Ich aus, das in einem großen Abstand zur Welt steht. Der Mensch lebt immer schon in Bezügen, er ist niemals völlig isoliert, so lautet der Kernsatz einer solchen Denkrichtung. Wir erinnern uns an Husserls Ansatz, der besagt, dass das Bewusstsein als Bewusstsein immer auf etwas gerichtet ist.

Was bei den Philosophinnen stärker im Mittelpunkt stand als bei ihren männlichen Kollegen, war einerseits das Handeln und andererseits der Bezug zu Gott.

Es scheint, als sei jetzt in der Geschichte der Philosophie ein einschneidender Punkt erreicht: Das Ich, das so lange Zeit im Zentrum des Denkens stand, wird nicht mehr fraglos in seiner Stärke akzeptiert. Die Denkerinnen und Denker wenden sich den Bezügen zu, in denen der Mensch steht und ohne die er nicht existieren kann. Der Alltag in seinen vielseitigen Strukturen wird in den Blick genommen. Die Ethik ist, vor allem bei den Philosophinnen, nicht nur ein Teilgebiet der Philosophie, sondern das Zentrum.

Unter allen Leiden, die uns zustoßen können, ist das Unglück etwas Besonderes, etwas Einzigartiges und Unvergleichliches. Es ist etwas völlig anderes als das bloße Leiden. Es bemächtigt sich der Seele und prägt ihr bis ins Innere einen Stempel auf, der nur ihm allein gehört: den Stempel der Sklaverei ... Wahrhaftes Unglück liegt nur dann vor, wenn das Ereignis, das ein Leben ergriffen und entwurzelt hat, es unmittelbar oder mittelbar in allen seinen Teilen, in seinem sozialen, psychologischen und physischen Teil, getroffen hat. Der soziale Faktor ist wesentlich. Nur dort gibt es wahrhaftes Unglück, wo auch in irgendeiner Form ein sozialer Abstieg oder die Furcht vor einem solchen Abstieg vorliegt.
SIMONE WEIL: *DAS UNGLÜCK UND DIE GOTTESLIEBE*

Hannah Arendt

(1906–1975)

Dass die Menschen immer bei anderen und in einer Welt leben, hat Hannah Arendt nicht nur bedacht, sondern auch vorbildlich gelebt. Ihre Freunde und Freundinnen kamen aus den unterschiedlichsten Schichten, Orten, Kontinenten. Wie für die Romantikerin Rahel Varnhagen, über die sie eine Biografie geschrieben hat, war der Austausch mit anderen Menschen Lebenselixier und vor allem auch eine Form kommunikativen Philosophierens.

Hannah Arendt wurde in eine jüdische Familie hineingeboren, bei der wie im Falle Simone Weils die Religion fast keine Rolle spielte. Hannah Arendts Vater starb, als sie sieben Jahre alt war. Die Mutter war der dickköpfigen Hannah gegenüber sehr tolerant. Als sie sich mit einem Lehrer überwarf, war die Mutter nicht sonderlich wütend. Ihre Tochter verließ die Schule und machte ihr Abitur als Externe.

Danach studierte sie Griechisch, Philosophie und Theologie in Marburg. Ihr philosophischer Lehrer war Martin Heidegger, der zu jener Zeit an seinem Hauptwerk »Sein und Zeit« schrieb. Was sie an ihm besonders faszinierte, war, dass er Philosophie als etwas begriff, was auf dem Weg ist. Nicht auf die Ergebnisse komme es an, sondern auf den Prozess des Denkens. Ausgangspunkt für Heideggers Philosophie ist die Analyse der Alltäglichkeit des Menschen. Heidegger versucht in »Sein und Zeit« eine genaue Analyse dessen, was uns Menschen täglich beschäftigt. Ihn interessiert unser »Sein-bei« den Dingen, also alles, was den täglichen Umgang mit unserer dinglichen Umgebung betrifft. In den Blick nimmt er aber auch das »Mit-Sein« mit anderen Menschen, was für Hannah Arendt später zum Kern ihres Denkens werden sollte.

Die Liebesbeziehung, die sich zwischen Arendt und Heidegger entwickelt hatte, belastete die Philosophin schwer, weil Heidegger allein bestimmte, wann und wo man sich traf und wie die Beziehung sich zu gestalten hatte. Er war verheiratet und hatte zwei Söhne. Und er war interessiert am Erhalt seiner bürgerlichen Existenz. So verließ Arendt Marburg und ging nach Heidelberg zu einem anderen damals berühmten Philosophen: Karl Jaspers.

Karl Jaspers beeindruckte die junge Denkerin sehr, weil er das Gespräch über alles liebte. Er war offen für die Fragen seiner Schülerinnen und Schüler, regte Diskussionen über heikle philosophische Probleme an, und man hatte nie den Eindruck, der Arroganz eines Wissenden gegenüberzustehen. Bei Heidegger war das ein wenig anders gewesen. Auch das gesellschaftliche Leben war reger als in Marburg. Arendt fühlte sich wohl, schloss interessante Bekanntschaften und konnte ihr eigenes Denken weiterentwickeln.

Arendt promovierte bei Jaspers mit einer Arbeit »Über den Liebesbegriff bei Augustinus«. Nach der Promotion kehrte sie nach Berlin zurück. Im Jahr 1929 heiratete sie den jüdischen Philosophen Günther Anders. Die Ehe war nie besonders glücklich und wurde 1937 geschieden.

Für die Jüdin Hannah Arendt wurde es in Deutschland immer schwieriger. Gleichzeitig begann für sie aber auch eine stärkere Politisierung. Das entscheidende Jahr war 1933. Sie beschloss, sich bei den Zionisten zu engagieren. Deren Ziel war es, das jüdische Selbstbewusstsein zu stärken. Arendts Aufgabe war es, eine Sammlung antisemitischer Äußerungen anzulegen. Sie wurde verhaftet, aber bald wieder freigelassen. Mit ihrer Mutter zusammen floh sie nach Paris. Auch hier betätigte sich Arendt vorrangig praktisch: Sie half, jüdische Kinder nach Palästina zu bringen. Trotzdem war natürlich die Philosophie nicht völlig zurückgedrängt worden.

Arendt hatte Kontakt zu dem jüdischen Philosophen Walter Benjamin. An ihm begeisterte sie vor allem die Denkmethode: Benjamin sammelte Bruchstücke aus der Denktradition und brachte sie in einen neuen Zusammenhang. Er erlaubte es sich, einzelne Sätze, die ihn faszinierten, aus dem Zusammenhang, in dem sie ursprünglich standen, herauszuziehen und mit seinem eigenen Denken zu verbinden. Arendts Vorliebe für das Zitieren resultierte aus der Begegnung mit Benjamin. Einzelne Gedankenbruchstücke können einander befeuern, so Arendts Ansicht. In einen neuen Zusammenhang gebracht, entfalten sie auch eine neue Wirkung.

Für Arendts Leben blieben Freundschaften etwas Unumgängliches. Ohne Freundschaft war ihr das Leben nichts wert. In Paris lernte sie auch ihren späteren zweiten Mann kennen: Heinrich Blücher. Er war ein stark politisch denkender Mann, und Arendt fühlte sich durch ihn bestärkt, die Politik noch mehr in ihre Philosophie zu integrieren. Diese Entwicklung war so rasant, dass sich Arendt schließlich selbst weit eher als politische Theoretikerin denn als Philosophin begriff.

Als 1939 der Krieg ausbrach und Juden auch in Frankreich nicht mehr sicher waren, floh Arendt nach einer kurzen Internierung im Lager Gurs zusammen mit Blücher in die USA, wo sie bis zu ihrem Lebensende blieb. Sie registrierte mit großem Interesse alles, was sich politisch in Amerika tat. Sie hielt Vorträge an verschiedenen Universitäten und schrieb Aufsätze. Sie starb 1975 an Herzversagen.

Hannah Arendt wurde philosophisch geprägt von Heidegger und Jaspers, aber auch von Augustinus und Sokrates.

In Augustinus' Denken sprach sie vor allem eine Sache an: die große Bedeutung, die dieser Denker dem Anfangen-Können zusprach. Augustinus schrieb, dass Gott den Menschen gemacht habe, damit ein Anfang in die Welt komme. Diese Möglichkeit zu Anfang und Spontaneität ist für Arendt eine Grundmöglichkeit des Menschen. Menschen sind in der Lage, in ihrem Leben immer wieder einen Neuanfang zu wagen, so, wie sie auch in der großen Geschichte darauf achten sollen, wann die Zeit reif ist für einen Neubeginn. Diese Fähigkeit hat die Philosophin »Gebürtlichkeit« genannt. Mit der Gebürtlichkeit ist aber ein zweiter Gedanke zu verbinden: der der »Pluralität«. Arendt meinte damit, dass die Menschen grundsätzlich unterschiedlich sind und dass gerade in einem solchen Unterschiedensein ihr Wesen begründet liegt. Arendt pocht nicht auf das Allgemeinmenschliche, auf das, was bei allen Menschen gleich ist, sondern weiß um deren Unterschiedenheit. Jeder ist anders, jeder ist einmalig, und darin liegt seine Chance.

Nach dem Krieg war und blieb Arendts Grundthema die Auseinandersetzung mit dem Totalitarismus. Einschneidend in dieser Hinsicht war der Prozess gegen Adolf Eichmann im Jahr 1960. Eichmann hatte während der NS-Zeit die Transporte von Juden in die Vernichtungslager organisiert und war damit eine zentrale Figur der vom Schreibtisch aus in die Wege geleiteten Judendeportationen. Nach dem Krieg tauchte Eichmann in Argentinien unter und konnte dort bis 1960 unbehelligt leben. Vom israelischen Geheimdienst aufgespürt und nach Israel entführt, wurde er in Jerusalem vor Gericht gestellt und am 15. Dezember 1961 zum Tode verurteilt. Arendt ging als Berichterstatterin des »New Yorker« nach Jerusalem und war zutiefst schockiert über die »Hanswurstigkeit« dieses Täters. Eichmann erschien ihr keineswegs dämonisch, im Gegenteil. Vor allem die Sprache Eichmanns schockierte sie: Er sprach permanent in Redewendungen und Sprichwörtern und spuckte sie nun in der Öffentlichkeit des Gerichtssaals aus, so zum Beispiel: »Wer A sagt, muss auch B sagen.«

Arendt hat über den Prozess ein Buch geschrieben: »Eichmann in Jerusalem. Ein Bericht über die Banalität des Bösen«. Natürlich soll dieser Titel nicht besagen, das Böse sei banal. Arendt wollte damit nur darauf hinweisen, dass die Menschen, die böse Taten vollbringen, banal sein können und es häufig sind. Das Nachdenken über die Möglichkeit des Menschen, Böses zu tun, war in Gang gekommen. Arendt kam zu dem Schluss, dass es einen Zusammenhang geben müsste zwischen dem Nachdenken und dem Handeln. Eichmann, so, wie er sich ihr in Jerusalem präsentiert hatte, erschien ihr wie ein Schlafwandler, seltsam gedankenlos. Gedankenlosigkeit darf aber in ihren Augen nicht verwechselt werden mit Dummheit. Jeder Mensch, egal, welchen Intelligenzgrad er hat, kann nachdenken. Arendt definierte Denken als Zwiesprache mit sich selbst und bezog sich dabei auf Sokrates. Dieser hatte als spannendsten Augenblick den Moment beschrieben, an dem er von den Geschäften des Tages nach Hause kam und in der Ecke seines Zimmers bereits jemand auf ihn wartete: sein zweites Ich. Abends war Sokrates gezwungen, über das, was er am Tag gedacht und getan hatte, vor sich selbst Rechenschaft abzulegen. Man kann das als eine Art Gewissensprüfung bezeichnen. Im Menschen selbst gibt es nach Sokrates eine Instanz, die ihn berät, ihm zuspricht oder ihr Veto einlegt.

In den folgenden Jahren kam Arendt immer wieder auf dieses Thema zurück: Wie verhalten sich Denken und Handeln zueinander? Wie kommen Menschen zum Denken? Wie vollziehen sich Denkprozesse, und wie kommen schließlich Urteile zustande? Erfahrungen gehören zu den unabdingbaren Voraussetzungen für jedes Philosophieren. Ohne Praxisbezug entsteht keine wirklich ernst zu nehmende Philosophie. Erfahrungen in der Welt des Alltags reichen aber nicht aus. Zeitweise nämlich müssen wir uns zurückziehen in die Welt des Denkens, müssen wir ein Gespräch führen unter vier Augen: von mir zu mir. Danach treten wir wieder in die Öffentlichkeit und haben Verantwortung zu übernehmen für das, was aus unserem Denken an Folgen resultiert.

Ihre streng philosophischen Werke hat Arendt erst im Alter geschrieben: Sie verfasste ein Buch über »Vom Leben des Geistes. Das Denken« und eines über »Vom Leben des Geistes. Das Wollen«. Ihr drittes Buch, das das Urteilen zum Thema haben sollte, wurde nicht mehr vollendet.

Für Arendt waren immer Zwischenräume entscheidend. Das galt für ihre Beziehungen wie auch für ihre Arbeit. Sie hat ihren denkerischen Blick vor allem auf das geworfen, was sich zwischen den Menschen abspielt, im Privaten und in der Politik. Das Denken hat sie ebenfalls nicht als etwas betrachtet, was tief im Inneren des Menschen seinen Platz hat, sondern sie hat das Bewusstsein als Ort gesehen, an dem ich mit mir selbst in ein Gespräch trete, um Vergangenes zu bedenken und Zukünftiges zu entwerfen. Denken, Wollen und Urteilen, das waren die philosophischen Themen Hannah Arendts. Sie hat immer wieder betont, dass die Menschen auch die Fragen stellen müssen, die nicht zu beantworten sind. Für sie gehört es zum Menschen dazu, ein denkendes Wesen zu sein, in seinem Denken bis an die Grenzen des Denkbaren zu gehen und sich nicht aufhalten zu lassen. Philosophieren ist in Hannah Arendts Augen ein Grundbedürfnis des Menschen.

> Die Fragen, die unser Erkenntnisdrang stellt, ergeben sich aus unserer Neugierde bezüglich der Welt, unserem Bestreben, alles zu untersuchen, was unserem Sinnesapparat gegeben ist. Die vom Erkenntnisdrang aufgeworfenen Fragen lassen sich im Prinzip alle mittels der Alltagserfahrung und des gemeinen Verstandes beantworten; sie unterliegen genau wie die Sinneswahrnehmungen und -erfahrungen korrigierbaren Irrtümern und Täuschungen ... Doch die Fragen, die das Denken aufwirft und die der ureigensten Beschaffenheit der Vernunft entsprechen – nämlich Fragen des Sinnes – können der gemeine Verstand und seine Verfeinerung, die Wissenschaft, grundsätzlich nicht beantworten ... Indem die Menschen unbeantwortbare Fragen stellen, qualifizieren sie sich als fragende Wesen. Hinter all den Erkenntnisfragen, auf die die Menschen Antworten finden, stehen die unbeantwortbaren Fragen, die als völlig eitel erscheinen und in diesem Sinne kritisiert worden sind.
>
> HANNAH ARENDT: *VOM LEBEN DES GEISTES. DAS DENKEN*

Simone de Beauvoir

(1908–1986)

Geboren wurde Simone de Beauvoir in Paris. Ihr Vater, von Beruf Anwalt, entstammte einem sehr vermögenden Haus. Ihrer Mutter bedeutete die Religion fast alles. Beauvoir musste eine katholische Schule besuchen und sollte nach Meinung ihrer sehr konservativ eingestellten Eltern Lehrerin werden. Jede Art von Abenteurertum war in dieser Familie verpönt. Ein Leben musste auf Gottesfurcht und Sicherheit aufgebaut werden. Lange blieb Beauvoir freundlich und angepasst und rebellierte zunächst nicht. Im Alter von zwölf Jahren aber wurde ihr schlagartig bewusst, dass Gott ihr gar nicht so wichtig war, wie sie bisher angenommen hatte. Die Freude am Leben und vor allem an dessen sinnlicher Seite schien ihr nicht vereinbar zu sein mit dem, was sie über die Gesetze eines gläubigen Lebens gehört hatte.

Im Jahr 1928, am Ende ihres Studiums an der Sorbonne in Paris, lernte die Denkerin Jean-Paul Sartre kennen. Ein Jahr später waren die beiden ein Paar, und man würde fortan ihrer beider Namen nur noch gemeinsam aussprechen. Sartre war ein sehr eigenwilliger Typ, ließ sich von niemandem in seinem Freiheitsdrang einengen. Er und Beauvoir heirateten nie, sie lebten immer in Hotels, und vor allem Sartre machte nie ein Hehl daraus, dass er nicht nur mit einer Frau zusammen sein wollte. Sie blieben aber bis zum Tod Sartres ein Paar.

Zwischen 1931 und 1936 unterrichtete Beauvoir an verschiedenen Schulen Philosophie. Eines Tages lernten Sartre und sie Albert Camus kennen. Er war in ärmlichsten Verhältnissen in Algerien aufgewachsen. Der Vater starb früh, die Mutter war Analphabetin. Bildung bedeutete für

Camus unendlich viel, und damit beeindruckte er Sartre und Beauvoir, die beide in Elternhäusern groß geworden waren, in denen Bücher zur freien Verfügung in den Regalen standen. Dass es grenzenlose Armut und einen unsagbaren Mangel an Bildung geben kann, das erfuhr die Philosophin hier zum ersten Mal, und diese neue Einsicht beeinflusste ihr Denken nachhaltig. Nicht jeder hat die gleichen Möglichkeiten, sich Bildung anzueignen. Das hatte sich Beauvoir bisher nicht bewusst gemacht.

Während der Zeit der deutschen Besatzung schrieb Beauvoir den philosophischen Essay »Pyrrhus und Cineas«. Außerdem hatte Sartre eine Zeitschrift gegründet, zu deren Redaktionsteam Beauvoir als einzige Frau gehörte. Die Zeitschrift hatte den Titel »Les Temps Modernes« und befasste sich mit aktuellen Zeitfragen. Da gesellschaftliche Prozesse sehr kritisch betrachtet wurden, blieben Anfeindungen nicht aus. Vor allem von Seiten der Kirche wurde das Blatt heftig kritisiert.

Politisch waren Beauvoir und Sartre am ehesten bei den Kommunisten zu finden, obwohl sie auch denen nicht ganz geheuer waren. Sie hatten der Partei zu wenig Klassenbewusstsein.

Im Jahr 1959 begann Beauvoir, ihre Autobiografie zu schreiben. Sie tat dies ungeheuer sorgfältig, versuchte, nichts auszulassen, als wollte sie festhalten, was ihr zu entgleiten drohte. Beauvoir hatte keine Achtung vor dem Altern. Sie empfand es als grausam. »Ich hasse mein Spiegelbild: über den Augen die Mütze, unterhalb der Augen die Säcke, das Gesicht zu voll, und um den Mund der traurige Zug, der Falten macht. Die Menschen, die mir begegnen, sehen vielleicht nur eine Fünfzigjährige, die weder gut noch schlecht erhalten ist. Sie hat eben das Alter, das sie hat. Ich aber sehe meinen früheren Kopf. Den eine Seuche befallen hat, von der ich nicht mehr genesen werde.« Gegen das Altern des Geistes aber gibt es eine Hilfe: die Philosophie. Immer weitere Entwürfe sind zu wagen, man darf niemals aufhören, etwas aus sich zu machen. Das Denken muss in die Zukunft ragen, es darf sich nicht nur bei der Vergangenheit aufhalten.

Beauvoir hatte privat eine schwere Aufgabe zu bewältigen: Sartre erlitt 1971 einen Schlaganfall und war von da an bis zu seinem Tod neun Jahre lang ein schwieriger Pflegefall. Beauvoir nahm die Herausforderung an und schrieb auch darüber ein Buch: »Die Zeremonie des Abschieds«. Sie selbst starb 1986, nachdem sie in den letzten Jahren sehr zurückgezogen gelebt und auch ihre Philosophie nicht mehr weiterentwickelt hatte.

Ausgegangen war Beauvoir von der Frage, wie der Mensch eine Beziehung zum Tod entwickeln kann, wenn er nicht mehr an Gott glaubt. Wie wird der Mensch ohne den Glauben an Gott fertig mit der Sterblichkeit? Die Nähe zu den Philosophen Sartre und Camus war da, noch bevor Beauvoir diese kennengelernt hatte. Ihre Art zu denken lag sozusagen in der Luft. Dass Menschen unter einem leeren Himmel ganz auf sich gestellt existieren müssen, war eine Grunderfahrung von Camus, Sartre und Beauvoir. Beauvoir erlebte die Einsamkeit des Einzelnen sehr stark, und so verwundert es nicht, dass sie das eigene Ich zunächst in das Zentrum ihres Denkens stellte. Das Ich erschien ihr als Mittelpunkt, um den alles andere kreist. Nichts ist, wenn es nicht wahrgenommen wird. Ganz anders als beispielsweise Hannah Arendt stand diese Denkerin menschlichen Kontakten eher distanziert gegenüber, wenn man von der engen Bindung zu Sartre absieht. »Die Existenz des Anderen blieb für mich stets eine Gefahr, und ich konnte mich nicht entschließen, ihr freimütig ins Auge zu sehen.« Dies änderte sich jedoch mit der Zeit. Beauvoir musste erkennen, dass gerade die Tatsache, dass es auch andere Menschen gibt, eine Herausforderung für das Denken darstellt. Sie sah die Aufgabe auf sich zukommen, auch die Kommunikation mit in ihr Philosophieren hineinzunehmen.

In ihrem Essay »Pyrrhus und Cineas« geht Beauvoir dem Problem nach, was geschieht, wenn Menschen etwas tun und während ihres Handelns die Frage nach dem »Wozu« stellen. Zunächst einmal gibt es keine Antwort auf diese Frage. Der Mensch könnte also in Passivität verfallen und sich nicht mehr anstrengen. Aber, so meint Beauvoir, Menschen haben in ihrem Tun meistens ein Ziel vor Augen, das über den Moment hinausgeht. Sie wollen mehr als einfach nur da sein, arbeiten, schlafen, genießen – sie gehen in ihrem Handeln über die faktische Gegebenheit ihres Lebens hinaus, sie erschaffen sich ein *Sein.* Der Mensch ist für Beau-

voir ein Wesen, das erst dann wirklich ist, wenn es selbst Entscheiden-
des dazu tut. »Er jagt, er fischt, er schafft sich Instrumente, er schreibt
Bücher: Dies sind keine Zerstreuungen, keine Flucht, sondern Bewegungen auf das Sein hin: der Mensch macht, um zu sein.« Zu einem sinnvollen Handeln aber gehört der Kampf gegen soziale Ungerechtigkeit dazu.
Der Mensch, der im Handeln über die reine Faktizität hinauswächst,
wächst auch auf andere zu. Er wird zum Gemeinschaftswesen. Die Fragen der Ethik gehören zu Beauvoirs Existenzialismus wesentlich dazu.
Zur Freiheit des Menschen gehört es, ethisch zu handeln.

In ihrem Aufsatz »Für eine Moral der Doppelsinnigkeit« setzt sich
Beauvoir eingehend mit dem Atheismus auseinander. Sie versucht zu
verdeutlichen, dass gerade dann, wenn der Mensch einen Gott verneint,
sein ganzes Wesen dazu aufgerufen ist, sich einzusetzen, um das Gute zu
verwirklichen. Es liegt am Menschen, ob es Moral gibt oder nicht. Kein
göttliches Gesetz, keine Gebote können die Eigenverantwortung des
Menschen ersetzen. An ihm allein liegt es, welchen Sinn das Leben hat.
Es ist völlig einsichtig, dass die Kirche eine solche Ansicht nie und nim-
mer akzeptieren kann, entzieht sie ihr doch den Boden unter den Füßen.

Weltruhm errang die Philosophin mit einem Buch, das 1949 erschien: »Das andere Geschlecht«. Es ist ein Buch über die Frau, die für
Beauvoir »das andere Geschlecht« darstellt, weil sie immer in Abgrenzung zum Mann definiert wurde. Beauvoir meint, der Unterschied zwischen Mann und Frau sei nicht so sehr ein biologischer als vielmehr ein
gesellschaftlich bedingter. »Das Ewig Weibliche ist eine Lüge, denn die
Natur spielt bei der Entwicklung eines Menschen eine sehr geringe Rolle,
wir sind soziale Wesen.« Weiblichkeit ist also sozusagen ein Stempel, der
einem aufgedrückt wird. Nichts sollte die Frauen daran hindern, sich
wie die Männer selbst zu entwerfen. Auch die Frau schafft sich ihr Sein,
auch sie ist nicht von vornherein bestimmt, sondern hat Möglichkeiten
zu sein.

Nur der Mensch kann dem Menschen ein Feind sein, nur er kann seine Handlungen, sein Leben sinnlos werden lassen, weil andererseits nur er den Menschen in seinem Dasein bestätigt, ihn effektiv als Freiheit anerkennen kann … Ein jeder hängt von den anderen ab, und was mir durch die anderen zustößt, erhält erst durch mich seinen Sinn, hängt also von mir ab. Man läßt nicht passiv einen Krieg, eine Besetzung über sich ergehen, wie man ein Erdbeben über sich ergehen läßt: Man muß Partei ergreifen, und dadurch werden die anderen Menschen zu Verbündeten oder Gegnern … Wie wir gesehen haben, muß meine Freiheit, um Wirklichkeit zu werden, in eine offene Zukunft münden können, und es sind meine Mitmenschen, die mir die Zukunft erschließen, die als Gestalter der Welt von morgen meine Zukunft bestimmen.

SIMONE DE BEAUVOIR:
FÜR EINE MORAL DER DOPPELSINNIGKEIT

Gertrude Elizabeth Margaret Anscombe

(1919–2001)

Gertrude Elizabeth Margaret Anscombe wurde in Limerick, Irland, geboren. Ihre philosophische Ausbildung erhielt Anscombe in Oxford. Neben der eigenen philosophischen Forschung unterrichtete sie unter anderem in Cambridge. Anscombe hatte sieben Kinder, sodass die lebenspraktische Erfahrung nicht ausbleiben konnte.

Anscombes feste Überzeugung war, dass das Handeln eine Eigenständigkeit hat und nicht abhängig ist von Theorien. Ein Schlüsselbegriff in ihrer Philosophie ist die »Absicht«. »Was unterscheidet Handlungen, die absichtlich sind, von solchen, die es nicht sind?« Ob nämlich jemand eine Absicht hatte, zeigt sich gerade dadurch, dass er diese Absicht auch ausführt, das heißt handelt. Die Menschen sind darin autonom, sie müssen sich nicht nach einer höheren Moralität richten, um handeln zu können.

Wenn ich zum Beispiel sage: »Ich werde spazieren gehen«, so tue ich das nicht aus einem höheren Grund heraus. Der Handlungsgrund liegt in der Handlung selbst, nicht irgendwo außerhalb. Ein rein praktisches Wissen liegt dieser Absicht zugrunde. Ich werde spazieren gehen, weil ich weiß, dass mir das guttut.

Von diesem Grundgedanken aus wird klar, wieso Anscombe keine Anhängerin einer allgemein verbindlichen Moral sein konnte. Ich weiß zwar nie, was meine Handlungen für Folgen bringen werden, ob etwas gut oder schlecht ausgeht, aber darauf kommt es der Denkerin auch nicht an. Das Leben ist nun einmal widersprüchlich. Anscombe hat großes Vertrauen in die autonome Handlungsfähigkeit des Menschen. Im Jahr 1974 erschien ihr Buch »Moderne Moralphilosophie«.

In ihrer Schrift »War and Murder« von 1961 tritt die Philosophin gegen atomare Aufrüstung an. Sie plädiert dafür, den Schutz der Zivilbevölkerung über alles zu stellen. Anscombe war kritische Katholikin, und als solche hat sie sich intensiv für die Selbstbestimmung der Frauen eingesetzt. Dies betrifft vor allem das Problem der Verhütung. Hier setzte sie sich massiv für die Eigenverantwortung der Frauen ein und gegen eine Reglementierung durch die Kirche.

Berühmt geworden ist Anscombe auch durch ihre Tätigkeit als Interpretin von Ludwig Wittgenstein und als Herausgeberin und Übersetzerin von einigen seiner Werke. Wittgenstein (1889–1951) hat sich vor allem als Sprachphilosoph einen Namen gemacht. Seit der Jahrhundertwende war die Sprache als faszinierendes Phänomen immer stärker in die Aufmerksamkeit gerückt. Schillernd und vielschichtig wie der Mensch ist sie. Wie oft haben wir das Gefühl, nicht die richtigen Worte zu finden für das, was wir ausdrücken wollen. Aufgabe der Sprache sei es, sich an den Tatsachen zu orientieren und keine Spekulationen zu wagen, meinte Wittgenstein. Dabei lässt er sich nur sehr schwer festlegen, denn er hatte auch eine starke Neigung zum Geheimnisvollen. Einer seiner wesentlichen Sätze lautet: »Die Grenzen meiner Sprache sind die Grenzen meiner Welt.« Aber allzu gern warf er einen Blick über diese Grenzen hinaus. Instinktiv wusste der Philosoph, dass die Sprache ein höchst komplexes Gebilde ist und sich nicht gern im Zaum halten lässt. Denken wir nur daran, wie viele Interpretationsmöglichkeiten ein Gedicht bietet.

Für Anscombe aber war nur der logische Wittgenstein von Bedeutung. Wie für ihn war für Anscombe die Verbindung von Handeln und Sprechen von großer Bedeutung. Die Sprache bekommt erst dann einen Sinn, wenn sie gebraucht wird. Das war sowohl die Ansicht von Anscombe als auch von Wittgenstein. Sprache ist etwas zum Anfassen, nichts Abstraktes und schon gar nichts Heiliges. Sie hat stets einen Bezug zur Praxis. Die beiden kannten sich: Anscombe hatte Vorlesungen von Wittgenstein besucht. Er hat ihr vor seinem Tod unveröffentlichte Schriften übergeben, die sie dann aus dem Nachlass herausgegeben hat.

> Ein Ausdruck der Absicht ist die Beschreibung von etwas Zukünftigem, in der der Sprecher eine Art Handelnder ist; er rechtfertigt diese Beschreibung (wenn er sie rechtfertigt) durch Handlungsgründe, d. h. Gründe dafür, warum es nützlich oder erstrebenswert wäre, wenn die Beschreibung wahr werden würde, nicht aber durch Beweisgründe dafür, daß die Beschreibung wahr ist.
>
> G. E. M. ANSCOMBE: *ABSICHT*

Agnes Heller

(1929–2019)

Agnes Heller wurde in Budapest in eine jüdische Familie geboren. Ihr Vater wurde Opfer der Judenverfolgung, während sie und ihre Mutter überlebten. Die Kindheit von Agnes Heller war geprägt durch eine extreme Förderung auf allen musischen Gebieten. Zunächst studierte sie in Budapest Physik und Chemie und schließlich Philosophie. Dem kommunistischen System in Ungarn stand sie sehr kritisch gegenüber, und sie wurde schließlich mit Berufsverbot belegt. Wie bei Hannah Arendt war die Erfahrung des Totalitarismus für ihr gesamtes Denken prägend. Das Schreiben wurde zum Kampf gegen totalitäre Systeme. »Im Leben jedes Menschen gibt es einen Kloß, der ihm im Halse steckenbleibt: Aber wenn man ihn herausgewürgt hat, ist man wieder frei. Ein solcher Kloß war für mich Auschwitz und der Stalinismus. Nun bin ich frei. Die Moderne wird kaum noch Schrecklicheres hervorbringen.« So schreibt Heller in ihrer Autobiografie. Im Jahr 1981 erhielt die Philosophin den Lessing-Preis der Stadt Hamburg. Ihre Bücher wurden in elf Sprachen übersetzt.

Ein Arbeitsschwerpunkt von Agnes Heller war die Untersuchung des Alltagslebens. »Der einzelne formt seine Welt *als seine unmittelbare Umgebung.* Das Alltagsleben *verläuft* in der unmittelbaren Umgebung und *bezieht sich* auf diese.« Indem die Menschen ihre Umgebung formen, formen sie auch sich selbst. Die Bedeutung des Individuums für das Alltagsleben darf nicht unterschätzt werden. Das beginnt am Morgen. Aufstehen, sich anziehen, sich waschen, frühstücken, zur Arbeit gehen, später vielleicht einkaufen, kochen, Freizeit gestalten: all dies ist Alltag. Wir bewegen uns täglich in einem relativ kleinen Umkreis und beziehen uns permanent auf das, was genau in diesem Umkreis geschieht und was mit uns zu tun hat. Alltagsleben heißt aber für Heller nicht nur Privatleben, sondern bezieht das Gesellschaftliche mit ein. Wir werden zunächst in eine Welt geboren, die uns wenig Spielräume lässt. Regeln und Gesetze zwängen uns ein. Wir haben aber die Möglichkeit, all das bewusst zu erleben und vielleicht dadurch für uns und für andere etwas zu ändern. Dazu gehört es, über den eigenen Tellerrand zu schauen und nicht nur sich im Blick zu haben.

Agnes Heller unterscheidet zwischen den »natürlichen Bedürfnissen« und den »radikalen Bedürfnissen« der Menschen. Natürliche Bedürfnisse betreffen die physische Existenz, radikale Bedürfnisse haben mit der Freiheit zu tun. Zur Freiheit gehört es, seine eigenen Vorstellungen vom Leben entwickeln zu dürfen. Keiner ist wie der andere. Heller ist wie Hannah Arendt Verfechterin der Pluralität. Agnes Heller ist Sozialistin, aber keine orthodoxe, einem strengen Marxismus verhaftete. Die Achtung vor der Freiheit des Individuums hat an erster Stelle zu stehen.

Die Philosophie als erzieherische Disziplin spielt für Heller eine ganz wichtige Rolle. Je ausgereifter die Persönlichkeit, desto eher ist sie darauf aus, soziale Gerechtigkeit zu verwirklichen. Das Wissen, das die Philosophie vermittelt, muss in die Praxis umgesetzt werden, im Gemeinschaftsleben. »Die Philosophie fordert, daß die Welt das Zuhause der Menschheit wird, aber durch die bloße Forderung wird sie es noch nicht.« Gemeinsam sollten die Menschen versuchen, das, was sie philosophisch erkannt haben, in die Wirklichkeit umzusetzen. Ideale sollen entwickelt werden, die aber eine Umsetzung ins Konkrete erfahren müssen, sonst sind sie in Hellers Vorstellung sinnlos. Innerhalb der Gemeinschaft herrscht Pluralität, sodass die Einzelnen in der Praxis ihre Persönlichkeit ins Spiel bringen können. Jeder hat zu wählen, was er einsetzen will. Jeder hat Verantwortung zu übernehmen.

Kunstwerke befassen sich selten miteinander; sie liegen nicht miteinander im Streit; sie schließen sich nicht aus; sie sind weder freundlich noch unfreundlich zueinander. Ob klassisch, modern oder postmodern, sie stehen für sich allein, und es kümmert sie nicht, ob es ähnliche gibt. Kalte Sterne, die Wärme in fremde Leben bringen, sind sie nur Spiegelbilder unserer existentiellen Einsamkeit. Philosophische Werke verhalten sich anders. Ständig provozieren sie einander, sie streiten, diskutieren, denunzieren und warnen; sie schließen diese aus und jene ein; sie sind freundlich und unfreundlich; sie lieben und hassen; sie sind Spiegelbilder unserer ungeselligen Geselligkeit.

AGNES HELLER: *IST DIE MODERNE LEBENSFÄHIG?*

Sarah Kofman

(1934–1994)

Sarah Kofman wurde in Paris geboren. Ihre Familie stammte aus Polen. Sie waren Juden, und Kofman wurde schon früh mit dem Antisemitismus konfrontiert. Nachdem Paris von den Deutschen besetzt worden war, wurde der Vater deportiert. Er starb in Auschwitz. Der Rest der Familie hatte das Glück, in einem Versteck unterzukommen.

Sarah Kofman stand lange Zeit in einem Konflikt mit den religiösen Gepflogenheiten des Elternhauses. Vor allem die jüdischen Speisegebote und -verbote stießen bei ihr auf Widerstand. Außerdem gab es noch einen anderen Konflikt: Sie bemerkte, dass sie mit der Frau, die ihrer Familie Unterschlupf bot, besser zurechtkam als mit der Mutter. Auch nach dem Krieg hielt dieser Konflikt an. Kofman setzte es durch, gegen den Wunsch ihrer Mutter Philosophie zu studieren. Nicht zuletzt, um von dem Gedanken an den schrecklichen Tod des Vaters loszukommen, stürzte sie sich in abstrakte Gedankengebäude: »Ich war nicht fähig, den Namen meines Vaters auszusprechen. Die theoretische Arbeit half mir beim Verdrängen; ich hatte kein Bild vom Grauen. Die Philosophie ist die abstrakteste aller Disziplinen, man kann über etwas sprechen, ohne es sehen zu müssen. Ich spreche vom Tod, aber ich sehe ihn nicht. Ich mache mir keine Bilder – das hat mich gerettet«, schreibt sie in ihrer Autobiografie.

Ab 1962 arbeitete sie als Professorin an verschiedenen Universitäten, auch außerhalb Frankreichs. Im Jahr 1994 beging sie Selbstmord. Kofman fordert, dass das Schreiben über Auschwitz, über das Unausdenkbare, was dort geschah, ohne Macht geschehen müsse. Das heißt genauer, dass denen eine Stimme gegeben werden muss, die nicht mehr sprechen können. Ein offener Sprachstil ist wichtig. »Man muß versuchen, beim Schreiben Raum für das Schweigen derer zu lassen, die nicht sprechen konnten: das ist ein Schreiben ›ohne Macht‹. Es muß das Unermeßliche, das Unreduzierbare des Menschen aufscheinen lassen, jenseits aller Kräfte und Gewalten, die versucht haben, ihn zu reduzieren bzw. sogar auszulöschen.« Es ist ein Kennzeichen der Philosophie nach 1945, die Zeit des Nationalsozialismus mitzubedenken und zu versuchen, denkerisch mit dieser schrecklichen Zeit umzugehen. Auch Sarah Kofman hat das getan. Dabei hat sie versucht, den getöteten Vater sprechen zu lassen, aber nicht als ihren Vater, sondern als Juden. Sie wollte vom persönlichen Erlebnis hin zu allgemeineren Aussagen kommen.

Der Glaube an die Vernunft ist vielen Philosophinnen im Durchgang durch Krieg und Judenvernichtung verloren gegangen. Für Kofman zeigt sich das vor allem in ihrem Verhältnis zur Sprache und hier besonders zum geschriebenen Text. Schreiben schafft keinen Sinn und keine Bedeutung, so ihre Meinung. Und es hilft auch nicht, Klarheit über sich selbst zu erlangen. Genauso wenig ist es möglich, beim Lesen eines Textes einen Sinn zu erfassen.

Ein Kennzeichen des Nationalsozialismus war die Abgeschlossenheit. Alles, was getan und gedacht wurde, gehorchte einem bestimmten Sinn. Es gab eine einzige Interpretation der Welt, und die mussten alle als gültig anerkennen. Nachdem diese Weltanschauung ins Chaos und in die Katastrophe geführt hatte, ist es verständlich, dass die Angst vor jeder Art von abgeschlossenem System groß war.

Die Philosophie von der Jahrhundertwende bis 1945 hatte immer noch an eine Art von Vernünftigkeit geglaubt, mit dem vernünftigen Handeln von Menschen gerechnet. Damit war es nach dem Zweiten Weltkrieg zu Ende. Barbarei und Chaos waren vorherrschend geworden. Nationalsozialismus und Stalinismus hatten die Frage erneut aufkommen lassen, ob denn der Mensch wirklich als vernünftiges Wesen bezeichnet werden könne. Ließe sich die Welt irgendwann einmal friedvoll gestalten? Gibt es überhaupt noch irgendwelche Werte, nach denen die Menschen sich richten können? Welche Rolle spielt die Gewalt in unserem Leben? So lautete die entscheidende Frage. Die sogenannte Moderne hat ausgedient, ist gescheitert, hieß es in philosophischen Kreisen, und man sprach von der neuen Zeit als der »Postmoderne«.

Eines der gängigsten Argumente bei der Ablehnung des Philosophieunterrichts: Vor der ›Abschlußklasse‹ sei der Schüler nicht ›reif‹ genug, einen philosophischen Unterricht zu verstehen. Die Forderung nach Philosophieunterricht in den anderen Klassen der Oberstufe beruhe auf einer Verkennung der menschlichen Verstandesmöglichkeiten. Vor einem bestimmten Alter fehle das Vermögen, die Mühen auf sich zu nehmen, die das edelste aller Fächer erfordert. Stellt man die Frage, ob die Philosophie allein den Hochschulstudien vorzubehalten sei, so scheint man zuzugestehen, daß es dann zu spät wäre: Die Philosophie sollte die ›Krönung‹ der Oberstufe sein, sie sollte als Herrin über die anderen Fächer regieren, einen bestimmten Kreis von Kenntnissen zur Vollendung bringen und wirklich ganz vollenden, um dann später den Platz für etwas zu räumen, das ihre eigene Bedeutung übersteigt: für das Leben, das Handeln, für andere Studien. Ausgenommen sind diejenigen Studenten – ihre Zahl ist gering –, die sich ihrerseits den Philosophieunterricht zur Bestimmung gemacht haben.

SARAH KOFMAN:
ENDE DER PHILOSOPHIE ENDLOSE PHILOSOPHIE

Martha Craven Nussbaum
(geb. 1947)

Martha Craven hat sich vor allem die Frage nach einem »guten Handeln« gestellt. Moralphilosophische Probleme stehen für sie im Vordergrund, und sie verbindet diese Fragen mit ihrer Liebe zur Literatur. Martha C. Nussbaum wurde in New York als Tochter einer Innenarchitektin und eines Anwalts geboren. Sie studierte auch dort und erwarb 1975 den Doktor der Philosophie. Sie lehrte an verschiedenen Universitäten der USA und bekam mehrere Gastprofessuren in Europa. Sie lehrt als Professorin an der University of Chicago.

Nussbaum interessiert sich sehr für die antike Philosophie und hier vor allem für die Behandlung ethischer Probleme.

Gleichzeitig wirft sie ihren Blick auf die Beziehung, die zwischen Philosophie und Literatur besteht. Das »richtige« Handeln im Spiegel von Philosophie und Literatur, so könnte man ihr Thema nennen. Man dürfe nämlich nicht vergessen, dass nicht nur der Inhalt der Aussagen wichtig sei, sondern auch die Form, in der er ausgedrückt werde: »Wie soll man schreiben, welche Worte sollte man wählen, welche Formen, Strukturen und welche Systeme, wenn man verstanden werden will?« Stilistische Erwägungen sollten niemals zu kurz kommen. Gerade die Komplexität der Welt, die vielen ungelösten Rätsel und Geheimnisse, fordern ein literarisches Schreiben heraus und können mit der rein formalen Terminologie der Philosophie nicht gefasst werden. Allerdings muss die Literatur die Philosophie lieben, nur so kann sie der Wahrheit auf die Spur kommen.

Der enge Zusammenhang zwischen Philosophie und Literatur ist auch deshalb unbedingt nötig, weil dadurch der Praxisbezug leichter hergestellt werden kann und ein breiterer Leserkreis angesprochen wird. Deshalb können die Gedanken trotzdem auf hohem Niveau sein, sie müssen nicht popularisiert werden. Die Praxis braucht die Theorie, aber nicht eine sture, formalistische, sondern eine bewegliche, stilistisch lebendige.

Dass eine Moraltheorie notwendig ist, davon ist Nussbaum zutiefst überzeugt. Wir brauchen sie, weil es in unserer Welt von eigennützigen Affekten wimmelt. »Sie zeigt uns, wonach wir in unserem eigenen Inneren wachsam Ausschau halten müssen.«

Die Theorie hilft dabei, den eigenen Gefühlen und egoistischen Gedanken nicht auf den Leim zu gehen, sondern Abstand dazu herstellen zu können. Martha Craven Nussbaum versucht, in ihrem Denken jeder Art von Einseitigkeit entgegenzutreten. Theorie muss sein, aber keine, die sich über das Leben erhebt. Unmittelbarkeit ist wichtig, aber sie sollte die Theorie nicht vergessen, weil sie einen Schutz vor allzu eigennützigen Gefühlen und Gedanken garantiert. In Nussbaum begegnen wir einer Denkerin, die entgegen anderen philosophischen Tendenzen weiterhin an die weltverbessernde Kraft der Vernunft glaubt.

> Philosophiekurse können in diesem Prozess der Erzeugung guter Staatsbürger nach wie vor eine wertvolle Rolle spielen. Was wir wirklich wollen, ist die Vermittlung sokratischer Prozesse des wechselseitigen Kritisierens unserer eigenen Traditionen: Was es heißt, mit jemandem zu argumentieren und auf die Voraussetzungen und Schlußfolgerungen zu achten. Junge Menschen in den USA werden mit Talkshows bombardiert, wo Menschen sich gegenseitig beleidigen. Das ist ein schrecklicher Einfluß. Die Philosophie steht dem entgegen.
>
> M. C. NUSSBAUM IN EINEM INTERVIEW VON 1997

Ausblick in die Zukunft

Wie könnte die Philosophie von morgen aussehen? Wird es überhaupt weitergehen mit ihr, oder passt sie vielleicht gar nicht mehr in unsere Zeit?

Die philosophischen Seminare an den Universitäten sind besser besucht denn je. Und es sind viele Studentinnen darunter. Am Interesse fehlt es also nicht. Vielleicht hat der Blick in die Geschichte der Philosophinnen einen Einblick schaffen können in die Vielfalt philosophischen Denkens. Denn diese Frauen sind keine Randerscheinungen, auch wenn man das lange geglaubt hat. Sie standen im Zentrum der philosophischen Diskussion ihrer Zeit, nahmen alte Fragestellungen wieder auf und waren sensibel für neue Entwicklungen. Sie waren im Gespräch mit den männlichen Kollegen ihrer eigenen Epoche und der Tradition, und sie hatten ihren ganz und gar eigenen Blick auf die großen Fragen der Menschen. Bis heute hat sich daran nichts geändert.

Philosophinnen und Philosophen, das sind immer Menschen, die sich einerseits in die Philosophiegeschichte versenken und andererseits ein spontanes Fragenkönnen an den Tag legen. Unsere Zeit hält viele Fragen offen, neue, brennende Fragen haben sich aufgetan. Wie werden Menschen zukünftig mit der Natur umgehen? Wie ist der Klimawandel in den Griff zu bekommen? Kriege, soziale Ungerechtigkeit, Hass zwischen den Religionen, das sind beherrschende Themen. Es braucht Frauen, die sich philosophisch betätigen, vielleicht sogar den Beruf der Philosophin oder Philosophielehrerin ergreifen.

Personenregister

Sachregister

Ingeborg Gleichauf, 1953 geboren, studierte Germanistik und Philosophie in Freiburg. Ihre Dissertation schrieb sie über Ingeborg Bachmann. Seit vielen Jahren beschäftigt sie sich mit Philosophinnen und verfasste Biografien über Hannah Arendt und Simone de Beauvoir. Ingeborg Gleichauf lebt in Freiburg.

Peter Schössow, geboren 1953 in Hamburg, hat an der dortigen Fachhochschule für Gestaltung studiert. Er ist Autor und Illustrator und einer der großen deutschen Bilderbuchkünstler. Für seine Werke wurde er vielfach ausgezeichnet, u. a. mit dem Troisdorfer Bilderbuchpreis und dem Deutschen Jugendliteraturpreis. Er lebt und arbeitet in Hamburg.